Sehen · Staunen · Wissen

BÄUME

Zweig
der
Atlaszeder

Früchte und Blätter
der Eberesche

Zapfen der
Weymouths-
kiefer

Eicheln der
Stieleiche

Äpfel

Magnolien-
blatt

Zweig der
Montereyzypresse

Weidenzweig

Haselnußschalen

Früchte und Blätter der Victoriapflaume

Gingkoblatt

Früchte des Bergahorns

Sehen · Staunen · Wissen

Blätter und Früchte
eines Zierapfels

BÄUME

Der faszinierende Formenreichtum der größten Lebewesen der Erde
Artenvielfalt, Entwicklung, Nutzen
Text von David Burnie

Kiefernnadeln
und -zapfen

Eschenblatt

Holzbewohnender
Pilz

Scheibe eines Eichenstammes

Unreife Haselnüsse

Moos auf
verrottendem Holz

Gerstenberg Verlag

Zapfen der Lawson-Scheinzypresse

Zapfen des Riesen-mammutbaumes

Kiefernzapfen

Zweig der Rotzeder

Blatt des Japanischen Ahorns

Blätter und Frucht der Birne

Lärchenzapfen und -nadeln

Ebereschen-blatt

Junge Zapfen der Waldkiefer

Panaschiertes Blatt der Stechpalme

Blatt des Wein-blättrigen Ahorns

Korbweiden-blatt

CIP-Titelaufnahme der Deutschen Bibliothek

Bäume:
d. faszinierende Formenreichtum d. größten Lebewesen d. Erde;
Artenvielfalt, Entwicklung, Nutzen/Text von David Burnie.
[Fotogr.: Peter Chadwick... Aus d. Engl. übers. von Armin Kyrieleis]. –
3. Auflage – Hildesheim: Gerstenberg, 1991
(Sehen, Staunen, Wissen)
Einheitssacht.: Tree <dt.>
ISBN 3 – 8067 – 4407 – 6
NE: Burnie, David [Mitverf.]; Chadwick, Peter [Ill.]

3. Auflage 1991
Ein Dorling Kindersley Buch bei Gerstenberg
Originaltitel: Eyewitness Guides: Tree
Copyright © 1988 Dorling Kindersley Ltd., London,
und Editions Gallimard, Paris
Text und Illustrationen Copyright © Dorling Kindersley Ltd., London
Herausgeber der Reihe: Janice Lacock
Layout und Gestaltung: Carole Ash
Fotografie: Peter Chadwick, Philip Dowell, Kim Taylor
Wissenschaftliche Beratung: Natural History Museum, London

Aus dem Englischen übersetzt von Armin Kyrieleis
Redaktionelle Bearbeitung der deutschen Ausgabe:
Margot Wilhelmi, Sulingen
Deutsche Ausgabe Copyright © 1989 Gerstenberg Verlag, Hildesheim

Satz: Wittmann+Wäsch KG, Gehrden
Printed in Italy
ISBN 3-8067-4407-6

Inhalt

Eibenzweig

Gingkoblatt

Zapfen einer Hemlockstanne

Was ist ein Baum?

Die ersten pflanzlichen Lebewesen waren winzig kleine, einzellige Algen. Sie lebten in den Ozeanen des noch jungen Planeten Erde und hatten bereits die Fähigkeit entwickelt, Energie aus dem Sonnenlicht zu gewinnen. Aus den einzelligen Ururahnen entwickelte sich im Laufe vieler hundert Jahrmillionen das vielgestaltige Pflanzenreich, wie wir es heute kennen. Vor etwa 400 Millionen Jahren, im Silur, begannen die Pflanzen, das Land zu besiedeln. Da an Land der Auftrieb des Wassers fehlte, waren diejenigen Pflanzen bevorteilt, die festeres Gewebe ausbildeten, das als Stütze diente. Bei den ältesten Moosen tritt erstmals ein Baustoff auf, der als ‚Lignin' (Holzstoff) bezeichnet wird. Mit diesem Stützmaterial war es möglich, stabile Stengel auszubilden. Pflanzen, die höher wuchsen, wurden von ihren Nachbarn weniger beschattet und konnten besser gedeihen. So entstanden bald Vertreter mit einem hohen Stamm und einer Krone an dessen oberem Ende: die ersten Bäume. Die Baumgestalt entstand in verschiedenen Pflanzenfamilien unabhängig voneinander. Die größten Bäume der Erde sind die Riesensequoien oder Riesenmammutbäume in Kalifornien. Sie wiegen bis zu 6000 t und sind damit die schwersten Lebewesen, die jemals auf der Erde existierten.

STEINERNE HULDIGUNG
Baumgöttin in einen indischen Hindu-Schrein gemeißelt (etwa 150 n.Chr.)

An der Basis verbreitert sich der Stamm und geht in die Wurzeln (S. 18–19) über.

An der Stammbasis ist die Borke (S. 22–23) am stärksten aufgeplatzt und daher besonders rauh.

An abgebrochenen Ästen können Pilze in das Holz eindringen.

Nahe beieinander stehende Bäume bilden besonders gerade und hohe Stämme aus (S. 20–21).

Bäume in der Mythologie

Überall auf der Erde, von den dunklen Wäldern Skandinaviens bis zu den lichten Feigenhainen Indiens, sind Bäume von altersher Elemente in Sagen, Ritualen und in der Folklore. Vielleicht liegt es an ihrer Größe und Langlebigkeit, daß manche Religionen sie als heilige Symbole verwenden. Mitunter werden einzelne, besonders mächtige Bäume sogar als Gottheiten verehrt. Bei den Hindus z. B. sind es Feigenbäume, während die Druiden der nordischen Länder Eichen anbeteten.

CHRISTLICHER GLAUBE
In der Bibel stellt das Kreuz, an dem Christus starb, auch ein Symbol für den Baum des Lebens dar, der gemeinsam mit dem Baum der Weisheit im Paradies wachsen soll.

NORDISCHE LEGENDEN
In skandinavischen Mythen ist Yggdrasil eine mächtige Esche, die die Erde sowohl mit dem Himmel als auch mit der Hölle verbindet. Sie wird von Fabeltieren und von Riesen bewohnt. Wie die Bäume in anderen Legenden gilt sie als Hort des Wissens: der Gott Odin (Wotan) erhielt seine Weisheit, indem er aus der Quelle an den Wurzeln der Esche trank.

BAUM ODER STRAUCH?

Ein Baum ist eine hohe
Pflanze mit einem einzel-
nen, hölzernen Stamm.
Man kann die Bäume
in drei Hauptgruppen
unterteilen: Laubbäu-
me (S. 8–9), Nadel-
bäume (S. 10–11)
und Palmen (S.
12–13). Es gibt aber
noch mehrere ande-
re baumähnliche
Pflanzen, wie z. B.
die Baumfarne
und den Riesen-
bambus (vgl. Abb.).

*Im oberen Teil
des Baumes ist
die Borke noch
recht glatt.*

*In jedem Frühling gehen
aus Knospen (S. 24–
25) neue Zweige, Blätter
und Blüten (S. 32–37)
hervor.*

*Die Äste bleiben in
derselben Höhe,
werden aber jedes
Jahr dicker.*

DIE
VERWANDLUNG
DER DAPHNE

In der griechischen
Mythologie heißt es,
daß Daphne sich in einen
Lorbeerbaum verwandelte, um
dem verliebten Gott Apollo zu entkommen.
Der Lorbeerbaum gilt auch heute noch, wie schon
im alten Griechenland, als Symbol des Sieges.

*Im Sommer haben
laubwerfende Bäume ei-
ne dicht beblätterte
Krone (S. 26–31).*

Laubbäume

Feldahorn

Vor 5000 Jahren, ehe der Mensch mit dem Ackerbau begann, waren weite Gebiete Europas und des östlichen Nordamerika von ausgedehnten Laubwäldern bedeckt. Seitdem wurde der größte Teil der Wälder gerodet, um Felder anzulegen oder um schneller wachsende Nadelbäume für die Holzgewinnung anzupflanzen. Glücklicherweise blieben aber noch viele, wenn auch kleinere Waldgebiete mit stattlichen alten Laubbäumen, wie Eichen, Buchen und Ahornarten, erhalten. Laubbäume gehören zu den Blütenpflanzen und hier zur Gruppe der Bedecktsamer. Ihre Samen sind von einer harten Schale oder von weichem Fruchtfleisch umschlossen. Im Herbst werfen Laubbäume ihre Blätter ab und sind während der Wintermonate kahl. Erst im Frühling, bei steigenden Temperaturen und zunehmender Tageslänge, treiben die in Knospen angelegten neuen Blätter aus.

Junge Eicheln an langen Stielen

LAUBWÄLDER
Laubwälder gehören zu den artenreichsten Lebensräumen der Erde. Die verschiedenen Baumarten mit ihrem Blattwerk, den Zweigen, Ästen und Stämmen, den Blüten, Früchten und Samen bieten einer Vielfalt von Tierarten Lebensmöglichkeiten – von winzigen Käfern über Vögel bis zu großen Säugern wie z. B. Rehen. Das Laubwerk läßt so viel Licht durch, daß ein reichhaltiger Unterwuchs aus Sträuchern, Kräutern und Gräsern gedeihen kann, der ebenfalls vielen Tieren Nahrung und Unterschlupf bietet.

Kahle Eiche im Winter

Eiche mit voll entfaltetem Laubwerk im Sommer

EICHEN
Die Eichen bilden eine der artenreichsten Gattungen unter den Laubbäumen. Weltweit gibt es rund 600 Eichenarten. Die meisten sind laubwerfend, aber es gibt auch immergrüne Arten, z. B. die Steineiche des Mittelmeergebietes. Alle Eichen sind windblütig, d. h. ihre Blüten werden vom Wind bestäubt. Eichenholz ist besonders hart und beständig und wird daher gern zur Möbelherstellung benutzt.

ÜBERWINTERUNG
Die Blätter der Laubbäume vertragen keinen Frost. Wenn im Herbst die Tage kürzer werden, zieht der Baum alle brauchbaren Stoffe aus den Blättern heraus und speichert sie im Stamm. Dieser Stoffentzug führt zur herbstlichen Verfärbung der Blätter, die anschließend abgeworfen werden. Der Laubwurf ist zugleich eine Schutzmaßnahme gegen Wasserverlust durch Verdunstung.

Auf der Borke wachsen Flechten.

Junge Früchte der Stieleiche

Schmale Wachstumsringe (Jahresringe)

Hartes Eichenholz, das kaum verfault

Laubstreu, Lebensraum von zersetzenden Pilzen und wirbellosen Tieren

*Die Seitenäste
verzweigen sich
unregelmäßig.*

Ein von stürmischen Winden
geformter Baum in Küstennähe.

DER EINFLUSS DER UMWELT

Der Standort eines Baumes kann Einfluß auf dessen Wuchsform haben. Heftige Winde töten Zweige und kleine Äste ab, so daß der Baum einseitig weiterwächst und eine schiefe Gestalt bekommt. In einem dichten Bestand wachsen die Bäume schlank nach oben, während freistehende Bäume ausladende Kronen entwickeln.

Eine einzelne Buche
in offenem Gelände

Buchen in einem bewirtschafteten Hochwald

WUCHSFORMEN

Laubbäume neigen zur Kronenbildung. Der Stamm teilt sich in mehrere, etwa gleich starke Äste, die sich weiter verzweigen. Nadelbäume dagegen haben meist einen bis zum Wipfel durchgehenden Hauptstamm (s. S. 10).

*Die Blätter stehen in
dichten Büscheln an den
Zweigspitzen.*

Nadelbäume

Fichte

Nadelbäume sind weltweit in Gebieten mit kühlem Klima verbreitet. Auf der Nordhalbkugel der Erde bilden sie in den subarktischen Gebieten einen geschlossenen Waldgürtel, der sich über alle Kontinente erstreckt. In südlicheren Gebieten gedeihen Nadelbäume in den Höhenlagen der Gebirge, wo ebenfalls ein kühles Klima herrscht. Die Nadelhölzer oder Koniferen sind eine alte Pflanzengruppe, und die Fundorte ihrer Fossilien zeigen an, daß sie früher viel weiter verbreitet waren als heute. Nadelhölzer tragen ihren Namen nach den schmalen, harten Blättern, die spitz zulaufen. Fast alle Arten sind immergrün, d. h. sie werfen im Herbst das Blattwerk nicht ab, wie es die Laubhölzer tun. Die Blüten der Nadelhölzer besitzen keine bunten Kronblätter und stehen in Gruppen zusammen: Es sind unauffällige, verholzte Zapfenblüten.

NADELWÄLDER
In künstlichen Nadelwaldforsten stehen die Bäume recht eng zusammen, sie sind gleich groß, und es ist das ganze Jahr über schattig und vergleichsweise kühl. Daher sind solche Forste ziemlich artenarm. In einem natürlichen Nadelwald stehen die Bäume in größeren Abständen und sind verschieden alt und groß. Daher fällt mehr Licht in den Wald, wodurch sich Lebensmöglichkeiten für viele andere Pflanzen- und Tierarten ergeben.

BAUMGESTALTEN
Die meisten Koniferen haben die Gestalt eines schlanken, hohen Kegels. Einige Arten bilden aber auch einen hohen, astlosen Stamm aus, der sich an der Spitze zu einer Krone verzweigt, z. B. Kiefern.

Waldkiefer   Zypresse

KIEFERN
Die Familie der Kieferngewächse umfaßt nahezu 100 Arten. Die meisten davon findet man in kühlen Regionen, aber einige gedeihen auch in warmen Gegenden. Ihre Blätter sind lange, schlanke Nadeln, und ihre Samen entwickeln sich in holzigen Zapfen. Kiefernholz ist recht weich und sehr harzreich. Das Harz dient dem Wundverschluß und der Fäulnishemmung.

Junge Kiefernzapfen   Reife Kiefernzapfen

Freistehende Kiefern entwickeln eine besonders große Krone aus unregelmäßig verzweigten Ästen.

Nadelstreu unter Kiefern

Breite Wachstumsringe (Jahresringe)

Harzreiches Holz

In der Krone alter Kiefern löst sich die Borke in roten Schuppen ab.

Die Zapfen brauchen zwei Jahre zum Reifen; erst dann öffnen sie sich und streuen die Samen aus.

Harte, blaugrüne Nadeln sitzen in Zweiergruppen rings um die Zweige.

WEIHNACHTSBÄUME
Schon seit Jahrhunderten werden Bäume als weihnachtliche Dekoration benutzt. Die Verwendung von Fichten und anderen Koniferen setzte sich aber erst im 19. Jahrhundert durch. Auch schon vor der Ausbreitung des Christentums kündigten bei heidnischen Mittwinterfesten die Zweige immergrüner Pflanzen, wie der Stechpalme oder der Nadelhölzer, die Rückkehr des Frühlings an.

DAS WACHSTUM DER NADELBÄUME
Bei fast allen Nadelbäumen gibt es einen starken, geraden Hauptstamm, von dem in regelmäßigen Abständen Seitenäste abzweigen. Bei einigen Arten wird das Wachstum im Alter unregelmäßiger. Dann bilden sich auch knorrige, krumm wachsende Äste und Zweige.

Tropische Bäume

Die Pflanzen der Tropen müssen zwar keine kalte Jahreszeit überstehen, aber ihr Wachstum wird von einem anderen Klimafaktor beeinflußt – dem Regen. In manchen tropischen Landstrichen fällt das ganze Jahr über Niederschlag. In dem dort herrschenden feucht-heißen Treibhausklima erreichen einige Bäume unglaubliche Wachstumsraten: 5m Längenwachstum in einem Jahr ist für die Sämlinge mancher Baumarten nichts Ungewöhnliches. Aber es gibt in den Tropen auch Gebiete, in denen die Pflanzen mit Trockenheit zu kämpfen haben. In den Savannen, wo Regen- und Trockenzeit einander ablösen, werfen viele Bäume ihr Laub ab, um die niederschlagslose Zeit zu überstehen. Andere Bäume, wie z. B. Palmen und Eukalyptusarten, haben derbe, oft wachsüberzogene Blätter, bei denen die Verdunstung herabgesetzt ist.

STÜTZWURZELN
Im tropischen Regenwald herrscht zwischen den Bäumen starke Konkurrenz um das Licht. Wer am höchsten wächst, ist im Vorteil, denn er wird nicht von den Nachbarn beschattet. In der dünnen Bodenschicht der Tropen können sich die Baumriesen aber nur schlecht verankern Daher haben manche Arten Stützwurzeln ausgebildet, die dem Stamm Stabilität verleihen.

UNTER DEM DACH
Unter dem durchgehenden Laubdach der obersten Baumschicht gedeihen viele kleinere Pflanzen, die Schatten ertragen.

TRÄUFELSPITZEN
Viele tropische Pflanzen haben Blätter mit langen, spitzen Enden, den Träufelspitzen. Sie dienen dazu, bei heftigen Regengüssen das Wasser schnell ablaufen zu lassen. Die Abb. zeigt eine Feigenart aus Südasien mit deutlichen Träufelspitzen.

Die Träufelspitze leitet das Regenwasser ab.

EUKALYPTEN

In Australien und Südostasien sind Eukalyptusarten, von denen es insgesamt rund 600 gibt, die vorherrschenden Holzpflanzen. Sie wachsen in Savannen und in subtropischen Wäldern, aber auch im Gebirge bis nahe an die Schneegrenze. Eine Eukalyptusart *(E. regnans)* ist mit über 100 m Höhe die größte Pflanze aus der Gruppe der Bedecktsamer.

DSCHUNGEL

Ein solches undurchdringliches Pflanzengewirr herrscht im Inneren eines tropischen Regenwaldes. Zur untersten Pflanzenschicht gehören zahlreiche Sträucher und Farne. Manche Farne in etwas kühleren Regenwäldern können baumähnliche Gestalt erreichen.

Baumfarn

Die Blätter entfalten sich fächerartig.

EIN WALD AUS EINEM BAUM

Der Banyanbaum, eine indische Feigenart, sendet von seinen Ästen Stützwurzeln aus und kann daher eine unglaublich weit ausladende Krone bilden. Ein einzelner Baum in Kalkutta hat über tausend Stützwurzeln gebildet und damit die größte Flächenausdehnung unter allen Bäumen der Erde erreicht.

Die Kokospalme bildet einen einzelnen, unverzweigten Stamm.

Die Kokosnuß hat eine wasserdichte, aber leichte Schale.

Die Wurzeln dringen durch die harte Schale nach außen.

PALMEN

Es gibt annähernd 3000 Palmenarten auf der Erde. Man findet sie überwiegend in den Tropen. Die Frucht der Kokospalme wird oft von Meeresströmungen weit fortgetragen und keimt, sobald sie an Land gespült wird. Die ‚Milch‘ im Inneren der Kokosnuß dient dem Keimling als Nahrung.

Eukalyptusblätter sind reich an ätherischen Ölen und bilden die bevorzugte Nahrung des Koalas.

13

Geburt eines Baumes

Eine ausgewachsene, über 150 Jahre alte Rotbuche

Für jeden Baum sind die ersten Monate seines Lebens viel gefährlicher als die folgenden Jahrzehnte oder gar Jahrhunderte. Zunächst einmal überleben von den vielen Samen, die die erwachsenen Bäume erzeugt haben, nur sehr wenige. In einem guten Jahr bildet eine Eiche 50.000 Samen, aber die meisten werden entweder von Tieren gefressen oder von Schädlingen befallen, oder sie gelangen an Orte, an denen sie nicht keimen können. Die wenigen Samen, die zum Auskeimen kommen, laufen Gefahr, abgefressen oder zertreten zu werden. Nur eine Handvoll aller ursprünglich vorhandenen Samen ist nach einem Jahr noch am Leben. Jeder Samen enthält einen Nährstoffvorrat, der ihm die nötige Energie für das Keimen und das erste Wachstum liefert. Einige Samen keimen innerhalb weniger Tage, nachdem sie vom Baum abgeworfen wurden, z. B. die Samen der Weiden. Bei anderen Bäumen, wie Eichen und Buchen, überdauern die Samen einen Winter, ehe sie keimen. Diese Zeit der Samenruhe endet während der ersten Tage im Frühling. Dann beginnt der kleine Pflanzenembryo im Inneren des Samens zu wachsen, und schließlich platzt die Samenhülle auf. Dies ist gewissermaßen die ‚Geburt' der neuen Pflanze.

5 KEIMBLATTENTFALTUNG

Vierzehn Tage nach Keimungsbeginn entfalten sich die beiden Keimblätter. Sie waren zuvor im Samen zusammengefaltet und dienten als Nährstoffspeicher. Nun beginnen sie, Licht einzufangen und die junge Pflanze auf diese Weise mit Energie zu versorgen.

4 STRECKUNG

Fünf Tage nach Beginn der Keimung ist ein kleiner Sproß, mehrere Zentimeter hoch, zu erkennen. Die Wurzel ist etwa genauso lang und hat begonnen, Seitenwurzeln zu bilden.

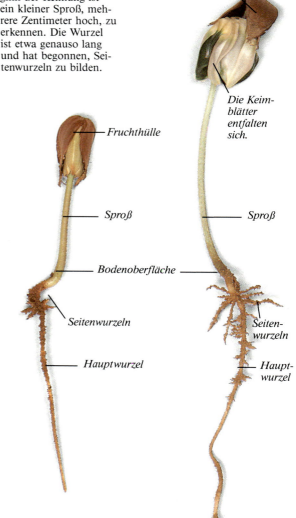

Die Fruchthülle wird abgeworfen.

Die Keimblätter entfalten sich.

Fruchthülle

Sproß

Sproß

Bodenoberfläche

Seitenwurzeln

Seitenwurzeln

Hauptwurzel

Hauptwurzel

Der verholzte Fruchtbehälter klappt auf.

Die dreikantigen Bucheckern sind die Früchte.

Jede Frucht enthält einen reifen Samen.

Fruchthülle

Fruchthülle

Die Keimwurzel tritt aus.

1 SAMENVERBREITUNG

Die Rotbuche erzeugt ihre Nußfrüchte, die Bucheckern oder Bucheln, meist paarweise in verholzten, stacheligen Fruchtbehältern. Die Samen liegen im Inneren der Bucheckern. Wenn sie reif sind, klappt der Behälter auf, und die Früchte fallen heraus. Etwa alle acht Jahre erzeugen die Buchen besonders viele Früchte. Man spricht von einem ‚Mastjahr'.

2 KEIMUNGSBEGINN

Den Winter über liegen die Bucheckern verstreut auf dem Waldboden. Eichhörnchen, Mäuse, Eichelhäher und Finken fressen viele der Früchte. In den übriggebliebenen Früchten beginnen die Samen während der ersten Frühlingstage zu keimen. Das erste Lebenszeichen ist ein Sprung in der holzigen, dünnen Fruchthülle, wenn der Pflanzenembryo beginnt, sich zu strecken.

3 VERANKERUNG

Das sich entwickelnde Pflänzchen braucht eine sichere Verankerung. Die Keimwurzel wächst vom spitzen Ende der Bucheckern aus in den Boden. Sie befestigt die Pflanzen nicht nur, sondern nimmt auch Wasser und Mineralien auf.

6 ÜBERLEBENSFRAGE

Nach der Keimblattentfaltung geht die Entwicklung rasch voran. Am zwanzigsten Tag sind die Anlagen der ersten Laubblätter emporgestreckt. Mit etwas Glück wird sich der zierliche, weiche Sproß zu einem stattlichen Stamm entwickeln. Dazu ist aber genügend Licht nötig. Falls der Keimling im Schatten großer Bäume wächst, werden seine ersten Blätter nicht genug Licht bekommen, um die junge Pflanze mit der nötigen Energie zu versorgen. Dann wird der Keimling wegen Lichtmangel sterben.

7 BELAUBUNG

Etwa einen Monat nach Keimungsbeginn entfalten sich die ersten Laubblätter. Sie sehen genauso aus wie die Blätter erwachsener Bäume. Das Wurzelsystem im Boden vergrößert sich weiter.

8 DER ERSTE SOMMER

Nach fünfzig Tagen hat der Keimling sein Wachstum für das erste Jahr beendet. Den Sommer über bildet er Reservestoffe, um den Winter zu überleben. Keim- und Laubblätter werden im Herbst abgeworfen. Im nächsten Jahr beginnt die Verholzung – dann ist er ein richtiger kleiner Baum.

Laubblätter

Anlagen der ersten Laubblätter

Laubblätter mit Aderung

Keimblätter

Sproß

Sproß

Sproß

Fruchthülle

Fruchthülle

Fruchthülle

Hauptwurzel

Hauptwurzel

Hauptwurzel

Seitenwurzeln

Seitenwurzeln

Seitenwurzeln

Wie Bäume wachsen

Bäume wachsen auf zweierlei Weise: es gibt ein Dickenwachstum und ein Längenwachstum. Wenn man einen Stamm oder Ast durchschneidet, zeigt der Querschnitt viele schmale, konzentrisch ineinanderliegende Ringe, die Jahresringe. Direkt unter der Rinde liegt eine Schicht teilungsfähiger Zellen, das Kambium, das alle holzigen Teile wie ein dünner Zylinder umgibt. Im Frühling beginnt das Kambium, große Tochterzellen nach innen abzugeben, aber zum Herbst hin werden sie immer kleiner, und schließlich hören die Zellteilungen auf. Wenn im nächsten Frühling wieder große Tochterzellen gebildet werden, ist ein scharfer Übergang zu erkennen — die Jahresringgrenze. An den Enden jedes Zweiges bildet das Kambium eine kegelförmige Kappe, den Vegetationskegel. Von ihm geht das Längenwachstum aus. Jeder Vegetationskegel gibt Tochterzellen nach hinten ab, wodurch die Zweige länger werden. Auf diese Weise wächst der Baum in die Höhe, und die Krone breitet sich in alle Richtungen aus.

LEBENDE HÜLLE
Obwohl das Innere dieses Baumes verrottet ist, lebt er weiter, denn nur in der äußeren Holzschicht wird Saft transportiert.

VERBORGENE STÄRKE
Wachsende Wurzeln können einen erstaunlich hohen Druck ausüben. Dieser Baum in Kambodscha sprengt allmählich die Tempelmauer, auf der er vor vielen Jahren zu wachsen begann.

RIESENBÄUME
Mammutbäume wachsen an Gebirgshängen Kaliforniens und erhalten die nötige Feuchtigkeit durch häufigen Nebel, der vom Pazifik herankommt. Da es in dieser Gegend selten windig ist, erleiden die Bäume kaum Sturmschäden und können ungewöhnlich hoch werden.

ZWERGBÄUME
In der arktischen Tundra kann keine Baumart richtig gedeihen. Es werden nur niedrigwüchsige Strauchgestalten ausgebildet, wie von dieser Zwergweide.

DIE ÄLTESTEN BÄUME
Borstenkiefern gehören zu den ältesten Lebewesen der Erde. Sie wachsen in den Rocky Mountains — je weiter oben, desto langsamer. Einige Individuen werden auf 6000 Jahre geschätzt.

Kernholz besteht überwiegend aus toten Zellen.

Splintholz besteht aus lebenden Zellen.

Borke

LANGSAMER WUCHS
Dieser Eibenzweig ist über 75 Jahre alt. Seine Jahresringe sind schmal und dicht gepackt. Solches Holz ist sehr hart.

Splintholz aus lebenden Zellen

SCHNELLER WUCHS
Dieser Bergahornzweig ist nur 15 Jahre alt. Seine Jahresringe sind breit, das Holz ist recht weich.

Holzstrahl

Bereich starken Wachstums

Bereich schwachen Wachstums

Borke

EXZENTERWUCHS
Der Stamm und die Zweige eines Baumes wachsen nicht immer gleichmäßig in alle Richtungen. Ein asymmetrischer Querschnitt wie auf der Abbildung kann auf zweierlei Weise entstehen: an windausgesetzten Standorten wächst das Holz auf der windabgewandten Seite schneller; an starken Ästen wächst die Unterseite schneller als die Oberseite, um das Gewicht des Astes besser abzustützen.

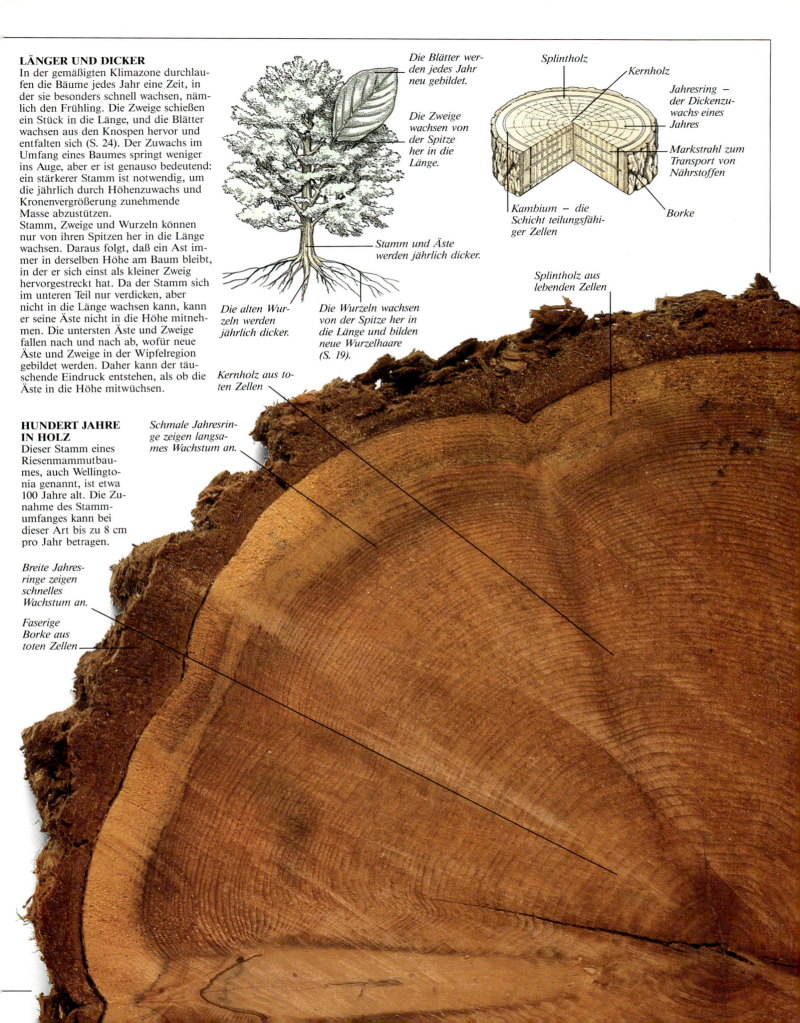

LÄNGER UND DICKER

In der gemäßigten Klimazone durchlaufen die Bäume jedes Jahr eine Zeit, in der sie besonders schnell wachsen, nämlich den Frühling. Die Zweige schießen ein Stück in die Länge, und die Blätter wachsen aus den Knospen hervor und entfalten sich (S. 24). Der Zuwachs im Umfang eines Baumes springt weniger ins Auge, aber er ist genauso bedeutend: ein stärkerer Stamm ist notwendig, um die jährlich durch Höhenzuwachs und Kronenvergrößerung zunehmende Masse abzustützen.

Stamm, Zweige und Wurzeln können nur von ihren Spitzen her in die Länge wachsen. Daraus folgt, daß ein Ast immer in derselben Höhe am Baum bleibt, in der er sich einst als kleiner Zweig hervorgestreckt hat. Da der Stamm sich im unteren Teil nur verdicken, aber nicht in die Länge wachsen kann, kann er seine Äste nicht in die Höhe mitnehmen. Die untersten Äste und Zweige fallen nach und nach ab, wofür neue Äste und Zweige in der Wipfelregion gebildet werden. Daher kann der täuschende Eindruck entstehen, als ob die Äste in die Höhe mitwüchsen.

HUNDERT JAHRE IN HOLZ

Dieser Stamm eines Riesenmammutbaumes, auch Wellingtonia genannt, ist etwa 100 Jahre alt. Die Zunahme des Stammumfanges kann bei dieser Art bis zu 8 cm pro Jahr betragen.

Die Blätter werden jedes Jahr neu gebildet.

Die Zweige wachsen von der Spitze her in die Länge.

Stamm und Äste werden jährlich dicker.

Die alten Wurzeln werden jährlich dicker.

Die Wurzeln wachsen von der Spitze her in die Länge und bilden neue Wurzelhaare (S. 19).

Splintholz

Kernholz

Jahresring – der Dickenzuwachs eines Jahres

Markstrahl zum Transport von Nährstoffen

Kambium – die Schicht teilungsfähiger Zellen

Borke

Splintholz aus lebenden Zellen

Kernholz aus toten Zellen

Schmale Jahresringe zeigen langsames Wachstum an.

Breite Jahresringe zeigen schnelles Wachstum an.

Faserige Borke aus toten Zellen

Die Wurzeln

Weil Bäume so weit in die Höhe ragen, könnte man denken, daß sie sich genauso weit in die Tiefe erstrecken. Dies trifft in den meisten Fällen aber nicht zu. Baumwurzeln wachsen weniger in die Tiefe als vielmehr zu den Seiten. Sie bilden ein System von durcheinanderlaufenden Strängen und Fasern, das den Baum im Boden verankert. Die Wurzeln unserer einheimischen Waldbäume reichen, je nach Größe des Baumes und Art des Untergrundes, etwa 5–10 m tief in den Boden. Die stärkste Durchwurzelung erfolgt in den oberen 2 bis 3 Metern. Seitlich dagegen strecken sich die Wurzeln bis zu einer Entfernung aus, die der Höhe des Baumes entsprechen kann. Damit durchziehen die Wurzeln eines 50 m hohen Baumes ungefähr die Fläche eines Fußballfeldes. An den Wurzelspitzen sitzen feine Wurzelhaare, die Wasser und Mineralstoffe aufnehmen. Durch Leitgefäße gelangen diese Stoffe in den Stamm und bis hinein in die Blattspitzen.

Dachse graben ausgedehnte unterirdische Gangsysteme, die sie zwischen den Baumwurzeln anlegen, ohne diese dabei zu beschädigen.

Atem- und Stützwurzeln

Die meisten Baumarten können nicht an Standorten gedeihen, die ständig wasserüberflutet sind. Der Boden ist dort zu weich und enthält zu wenig Sauerstoff, den die Wurzeln brauchen. Es gibt aber einige Baumarten, die sich an diese Bedingungen angepaßt haben. Mangroven sind tropische Bäume, die an schlickigen Küsten mit Ebbe und Flut gedeihen. Sie haben zwei besondere Wurzeltypen entwickelt: Stützwurzeln wachsen von Ästen aus nach unten und verbessern den Halt im nassen Untergrund; Atemwurzeln (Pneumatophoren) wachsen aus dem Boden heraus und ragen bei Ebbe in die Luft, wo sie Sauerstoff aufnehmen. Außer den Mangroven besitzt z. B. auch die Sumpfzypresse Atemwurzeln. Sie ist in Süßwassersümpfen im Süden der USA verbreitet.

MANGROVENSUMPF
Mangroven sind fast konkurrenzlos im Pflanzenreich. An einigen tropischen Küsten erstreckt sich das Mangrovendickicht über viele hundert Kilometer.

LUFTHOLEN
Die Sumpfzypresse ist in den Südstaaten der USA verbreitet und hat zwei ungewöhnliche Merkmale: sie bildet Atemwurzeln aus und ist ein blattwerfender Nadelbaum.

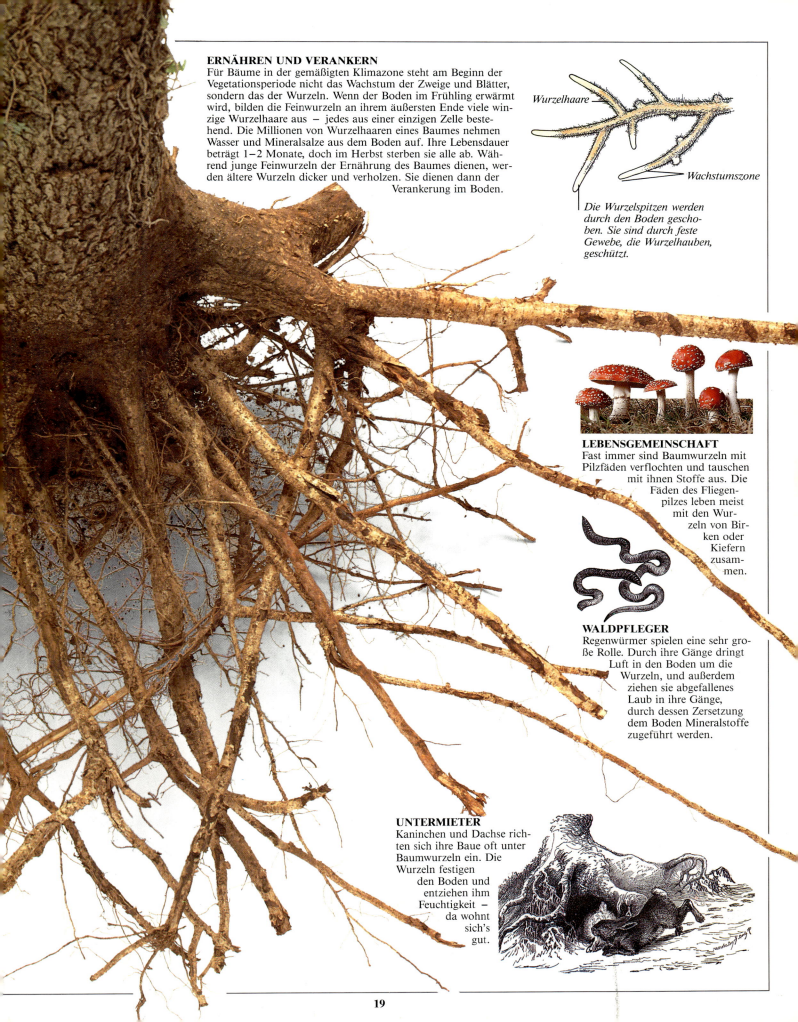

ERNÄHREN UND VERANKERN

Für Bäume in der gemäßigten Klimazone steht am Beginn der Vegetationsperiode nicht das Wachstum der Zweige und Blätter, sondern das der Wurzeln. Wenn der Boden im Frühling erwärmt wird, bilden die Feinwurzeln an ihrem äußersten Ende viele winzige Wurzelhaare aus – jedes aus einer einzigen Zelle bestehend. Die Millionen von Wurzelhaaren eines Baumes nehmen Wasser und Mineralsalze aus dem Boden auf. Ihre Lebensdauer beträgt 1–2 Monate, doch im Herbst sterben sie alle ab. Während junge Feinwurzeln der Ernährung des Baumes dienen, werden ältere Wurzeln dicker und verholzen. Sie dienen dann der Verankerung im Boden.

Wurzelhaare

Wachstumszone

Die Wurzelspitzen werden durch den Boden geschoben. Sie sind durch feste Gewebe, die Wurzelhauben, geschützt.

LEBENSGEMEINSCHAFT

Fast immer sind Baumwurzeln mit Pilzfäden verflochten und tauschen mit ihnen Stoffe aus. Die Fäden des Fliegenpilzes leben meist mit den Wurzeln von Birken oder Kiefern zusammen.

WALDPFLEGER

Regenwürmer spielen eine sehr große Rolle. Durch ihre Gänge dringt Luft in den Boden um die Wurzeln, und außerdem ziehen sie abgefallenes Laub in ihre Gänge, durch dessen Zersetzung dem Boden Mineralstoffe zugeführt werden.

UNTERMIETER

Kaninchen und Dachse richten sich ihre Baue oft unter Baumwurzeln ein. Die Wurzeln festigen den Boden und entziehen ihm Feuchtigkeit – da wohnt sich's gut.

Der Stamm

Dicht unter der Baumrinde fließen fortwährend Ströme von Wasser und Pflanzensaft, die Mineralstoffe aus dem Boden aufwärts und Speicherstoffe aus den Blättern abwärts transportieren (S.17). Nach außen sind die Leitgewebe durch die dicke Rinde geschützt. Dennoch gelingt es mitunter Insekten oder Pilzen, diese Barriere zu durchbrechen und die Leitbahnen des Baumes anzuzapfen. Durch Pilzbefall wird das Holz zersetzt und weiteren Baumschädlingen, vor allem Insektenlarven, zugänglich gemacht. Diese Larven wiederum sind eine beliebte Nahrung vieler Vögel. So ist ein Baumstamm Lebensraum für viele verschiedene Arten und bietet eine Fülle von ‚Nutzungsmöglichkeiten'.

IN SPIRALEN
Baumläufer sind Vögel mit graubrauner Tarnfärbung, die sich von Insekten ernähren. Sie klettern in spiraligen Bahnen Baumstämme hinauf, wo sie ihre Beute suchen.

Von einem Specht ins tote Holz gemeißelte Nisthöhle

DIE LEBENDE SPEISEKAMMER
Der Eichelspecht lebt im Südwesten der USA. Er legt sich auf bemerkenswerte Weise Nahrungsvorräte an: in Baumstämme oder auch in Telegrafenmasten hackt er mit seinem Schnabel Löcher und stopft je eine Eichel hinein. Mancher Baumstamm ist auf diese Weise mit Hunderten von Löchern übersät.

Eicheln in Kiefernrinde

Eichelspecht

Die Grünfärbung der Rinde wird durch eine dünne Schicht einzelliger Algen hervorgerufen, deren Sporen angeweht wurden.

Lebende Außenschicht des Baumes mit Kambium (S. 16)

Fruchtkörper von Pilzen haben feuchtes Holz befallen.

BESCHÄDIGT, ABER LEBENSFÄHIG
Wo die Rinde dieses Spitzahorns fehlt und totes Holz offen liegt, können Pilze und Insekten angreifen. Der Baum aber lebt, solange es genügend Splintholz mit funktionsfähigen Leitgefäßen gibt.

Ein ‚Auge' – die ehemalige Ansatzstelle eines Zweiges, der abgefallen ist

Kleiber mit Jung-
vogel im Nest

KLETTERAKROBATEN

Große Vögel können sich wegen ih-
res Gewichtes nicht an senkrechten
Stämmen festhalten, aber kleine Arten sind dazu in der Lage. Manche
kleinen Insektenfresser fliegen von
Baum zu Baum, klettern am Stamm
aufwärts und suchen in den Ritzen
der Rinde nach
Insekten. Der
Kleiber ist der ein-
zige Vogel, der so-
wohl aufwärts als
auch abwärts klet-
tern kann.

Nisthöhle des
Kleibers

*Fraßspuren von
Eichhörnchen,
die an den zuk-
kerreichen
Baumsaft
gelangen
wollten.*

GEFANGEN IM BAUM

Einige Vögel, die in Baumhöhlen
brüten, mauern den Eingang bis
auf ein kleines Einflugloch zu.
Bei Nashornvögeln ist dieses Verhalten extrem. Das
Weibchen wird in der
Bruthöhle eingemauert,
und es bleibt nur ein Füt-
terungsloch offen. Die aus
Lehm und Speichel ge-
mauerte Mauer wird sehr
hart und verwehrt Feinden
den Zutritt. In der Brut-
höhle verliert das Weib-
chen fast alle Federn und
verwendet sie als Polster
für das Nest.

*Gesunder
Ast mit voll-
ständiger Rin-
denbedeckung*

*Von den wach-
senden Larven
ausgefressene
Larvengänge*

*Im Mutter-
gang wurden
in Abständen
die Eier gelegt.*

*Der vom
Weibchen
ausgefres-
sene
Mutter-
gang*

Fraßgänge von Borkenkäfern

Borkenkäfer

Rüsselkäfer

BOHRENDE
INSEKTEN

Die Larven der Bor-
kenkäfer ernähren
sich von Holz. Jede
Art bildet ein cha-
rakteristisches
Gangsystem aus.

RINDENFRESSER

Rüsselkäfer fressen
Baumrinde und kön-
nen dadurch junge
Sprosse schädigen;
auch verbreiten sie
Krankheitserreger, die
ins Holz eindringen.

AUFSITZER UND PARASITEN

Bäume dienen oft als Unterlage für
kleinere Pflanzen, die keinen Scha-
den anrichten. In der gemäßigten
Zone findet man häufig Moose,
Flechten und Farne als harmlose
Aufsitzer. In den Tropen können
das farbenprächtige Pflanzen wie
Orchideen und Bromelien sein. Ein
Parasit ist hingegen die Mistel: der
klebrige Samen gelangt mit Vogel-
kot auf einen Baum, und der Mi-
stelkeimling schiebt seine Wurzel in
das lebende, saftführende Holz
hinein. Von dort entzieht die Mistel
dem Baum Wasser und
Mineralsalze.

Die Borke

Die Borke, die äußere Rindenschicht, bildet einen Schutz gegen Schädlingsbefall, Austrocknung und z.B. bei Eukalyptus- und Mammutbäumen auch gegen Feuer. Borke ist abgestorbenes Gewebe, das reißt und abblättert, wenn der Umfang des Baumes zunimmt. Damit die schützende Oberfläche erhalten bleibt, wird ständig Borke nachgebildet. Eine dünne Schicht lebender Zellen, das Korkkambium, gibt Tochterzellen nach außen ab. Sie lagern Korksubstanz ein und sterben ab. Auch das Korkkambium stirbt ab. Tiefer in der Rinde entsteht ein neues.

Borke einer jungen Esche

ANZAPFUNG
Naturkautschuk zur Gummiherstellung wird aus dem Milchsaft bestimmter Bäume gewonnen, deren Rinde man anritzt, so daß der Saft herausquillt.

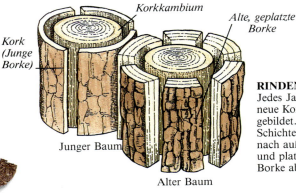

Kork (Junge Borke)

Korkkambium

Alte, geplatzte Borke

Junger Baum

Alter Baum

ALTERS-ERSCHEINUNGEN
Die Borke einer jungen Esche ist glatt. Mit den Jahren entstehen aber viele Risse und Sprünge.

RINDENWACHSTUM
Jedes Jahr wird eine neue Korkschicht gebildet. Die älteren Schichten werden nach außen gedrängt und platzen als Borke ab.

Borke einer 60jährigen Esche

DICK ODER DÜNN
Die Dicke der Borke ist bei den einzelnen Baumarten sehr unterschiedlich. Beim Mammutbaum kann sie bis zu 30 cm dick werden, während sie bei der Rotbuche nur etwa 1 cm dünn ist.

Kork-eichenrinde

Korkplatte

Flaschenkorken

DOPPELTER SCHUTZ
Die Borke – hier die einer Pappel- stellt einen mechanischen Schutz dar, enthält meist aber auch chemische Abwehrstoffe. Manche werden vom Menschen genutzt: aus der Rinde des Cinchonabaumes gewinnt man das Malariamittel Chinin.

KORKERNTE
Aus der besonders dicken Borke der Korkeiche gewinnt man Kork. Alle 8-10 Jahre wird die äußere Korkschicht abgehoben, ohne das Korkkambium zu verletzen. Es bildet dann wieder neuen Kork.

BEWAHRTE VERGANGENHEIT

Borke kann aufgrund ihrer arttypischen Struktur genau wie Pollenkörner zur Artbestimmung herangezogen werden. Dieses Stück Haselborke ist über 4000 Jahre alt. Der Strauch wuchs in einem Moorgebiet und versank nach seinem Absterben im Moor. Dort blieb er unter Sauerstoffabschluß weitgehend erhalten.

WOHLGERÜCHE

Zimt wird aus der getrockneten Rinde einiger Lorbeergewächse aus Ceylon, Indien und China gewonnen. Die gesamte Rinde junger Bäume wird in Streifen abgeschält und getrocknet.

Tiefer Riß

Efeu

HALTBAR

Birkenborke ist sehr beständig und wird kaum zersetzt. Daher haben nordamerikanische Indianer sie als Baumaterial für Kanus verwendet.

EINGEFANGEN

Kiefernharz hat vor 50 Millionen Jahren eine Wespe und eine Fliege eingeschlossen. Fossiles Harz wird Bernstein genannt.

ATMUNG DURCH DIE BORKE

Pflanzen atmen nicht nur mit den Blättern, sondern auch mit den holzigen Teilen. An diesem Kirschbaumstamm sieht man die großen Atemporen (Lentizellen), die den Gasaustausch durch die Borke hindurch ermöglichen.

Lentizelle zum Gasaustausch durch die Rinde

KREUZ UND QUER

unten

Dieser Borkenstreifen stammt von einer über 100jährigen Roßkastanie. Wie die Esche hat die Roßkastanie in ihrer Jugend eine glatte Borke. Der zunehmende Stammumfang sprengt die Borkenoberfläche später in unregelmäßige kleine Plättchen.

AHORNSIRUP

Schon die ersten weißen Siedler in Nordamerika nutzten den Zuckerahorn, der einen köstlichen Sirup liefert. Man sticht ein Rohr durch die Borke bis zu den saftführenden Gefäßen des Baumes, fängt den Saft auf und kocht ihn zu Sirup ein.

FEUERFEST

Die Borke der Mammutbäume ist dick und faserig. Da sie kein Harz enthält, ist sie schwer entflammbar. Während andere Baumarten Waldbränden zum Opfer fallen, bleiben Mammutbäume unversehrt.

ABBLÄTTERN

Bei vielen Nadelhölzern, z.B. Eiben, Fichten und Kiefern, löst sich die Borke beim Wachstum des Baumes in kleinen Stücken ab. Unter den alten, dunklen Borkenstücken dieser Eibe kommt die rötliche junge Borke zum Vorschein.

Von der Knospe zum Blatt

Aufspringende Endknospe: die ersten Schuppen klappen auf

Pflanzen wachsen nicht ununterbrochen. Selbst in tropischen Regenwäldern mit ihrem ausgeglichenen, für ständiges Wachstum idealen Klima gibt es nur wenige Bäume, die pausenlos wachsen. In unseren Breiten wird das Wachstum jedes Jahr durch Kälte und Dunkelheit des Winters unterbrochen. Im nächsten Frühjahr beginnt dann ein neuer Wachstumsschub. Die Knospen enthalten die Anlagen von Blüten und Blättern, die zu Beginn des Frühlings schnell zur vollen Entfaltung kommen müssen.

Roßkastanien-knospen

Der innere Bau der Knospen ist unterschiedlich. Bei einigen Baumarten enthalten sie bereits alle Zellen für das neue Organ, aber die Zellen sind noch winzig klein. Bei anderen Arten beinhalten die Knospen nur Gruppen von Zellen, die sich mit Beginn des Wachstums sehr rasch teilen und so das neue Organ ausbilden. Farbe, Form und Anordnung der Knospen ermöglichen auch im Winter eine Bestimmung der einzelnen Baumarten.

Paarige Seiten-knospen

Blattnarbe

DIE ROSSKASTANIE
Jede der großen, harzüberzogenen Knospen der Roßkastanie enthält dicht gepackt die Anlagen für einen neuen Trieb. Wenn die Tageslänge im Frühling zunimmt und mildere Temperaturen herrschen, klappen die schützenden Knospenschuppen auf. Die Zellen innerhalb der Knospe wachsen und teilen sich rasch. Der junge Trieb kann in nur zwei Wochen bis zu 45 cm lang werden. Knospen, die an der Spitze eines Zweiges sitzen (Endknospen), enthalten die Anlagen für Blätter und für Blüten, wogegen Knospen, die seitlich an einem Zweig sitzen (Seitenknospen), nur Blattanlagen enthalten.

Blatt-anlagen

Knospen-schuppen

Sproß-anlage

INNENLEBEN EINER KNOSPE
Die Knospenschuppen bergen die zusammengefalteten unreifen Blättchen. Nicht immer haben Bäume mit großen Blättern auch große Knospen.

LETZTES JAHR
Der Zuwachs des letzten Jahres reicht von der Endknospe bis zur nächstliegenden Tragblattnarbe. An der Länge des Zweiges zwischen diesen beiden Punkten erkennt man, daß es ein gutes Jahr war.

Einjähriger Seitenzweig, aus einer Seitenknospe hervorgegangen

"Schlafende" Knospen wachsen nur aus, wenn die anderen Knospen beschädigt werden.

Eine Tragblattnarbe zeigt an, wo das Wachstum eines Jahres endete.

Dreijähriger Seitenzweig, aus einer Seitenknospe hervorgegangen

Tragblattnarbe

VOR ZWEI JAHREN
Der Zweig ist vergleichsweise wenig gewachsen und hat auch keinen Seitensproß gebildet.

VOR DREI JAHREN
In diesem Jahr ist der Zweig nur mäßig gewachsen, aber er hat einen Seitenzweig gebildet, der nun drei Jahre alt ist.

HEXENBESEN
Durch Pilzinfektionen ausgelöstes, unregelmäßiges wildes Wachstum sieht man häufig bei Birken.

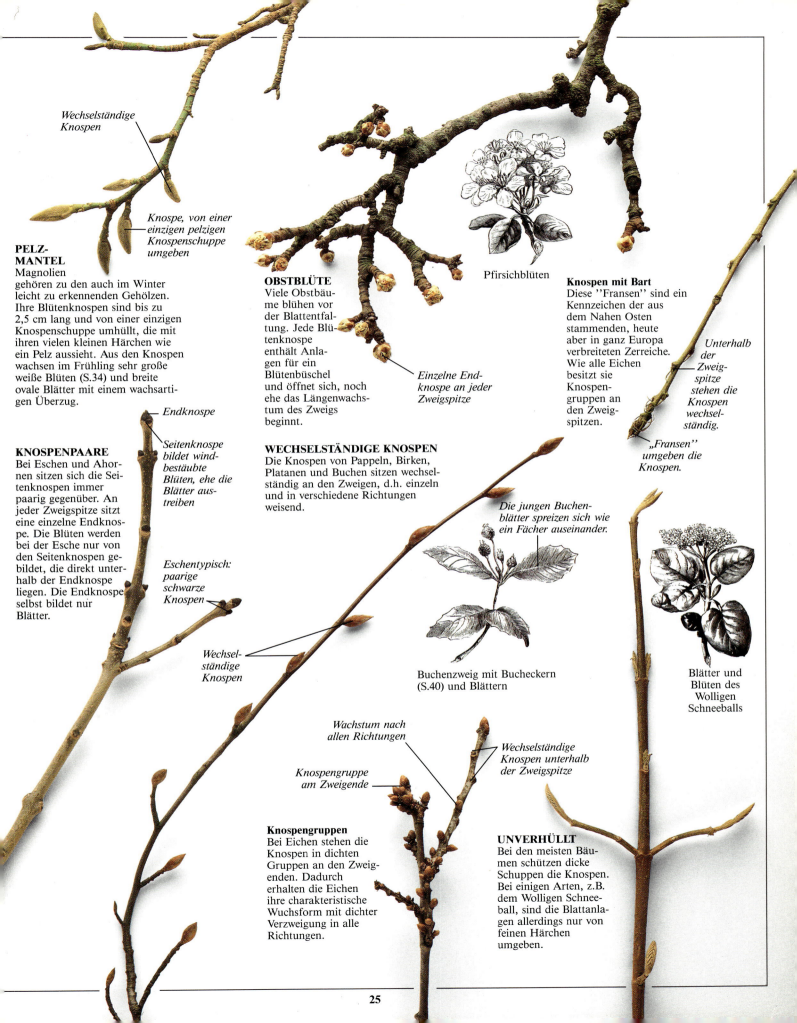

Wechselständige Knospen

Knospe, von einer einzigen pelzigen Knospenschuppe umgeben

PELZ-MANTEL
Magnolien gehören zu den auch im Winter leicht zu erkennenden Gehölzen. Ihre Blütenknospen sind bis zu 2,5 cm lang und von einer einzigen Knospenschuppe umhüllt, die mit ihren vielen kleinen Härchen wie ein Pelz aussieht. Aus den Knospen wachsen im Frühling sehr große weiße Blüten (S.34) und breite ovale Blätter mit einem wachsartigen Überzug.

KNOSPENPAARE
Bei Eschen und Ahornen sitzen sich die Seitenknospen immer paarig gegenüber. An jeder Zweigspitze sitzt eine einzelne Endknospe. Die Blüten werden bei der Esche nur von den Seitenknospen gebildet, die direkt unterhalb der Endknospe liegen. Die Endknospe selbst bildet nur Blätter.

Endknospe

Seitenknospe bildet windbestäubte Blüten, ehe die Blätter austreiben

Eschentypisch: paarige schwarze Knospen

Wechselständige Knospen

OBSTBLÜTE
Viele Obstbäume blühen vor der Blattentfaltung. Jede Blütenknospe enthält Anlagen für ein Blütenbüschel und öffnet sich, noch ehe das Längenwachstum des Zweigs beginnt.

Einzelne Endknospe an jeder Zweigspitze

Pfirsichblüten

WECHSELSTÄNDIGE KNOSPEN
Die Knospen von Pappeln, Birken, Platanen und Buchen sitzen wechselständig an den Zweigen, d.h. einzeln und in verschiedene Richtungen weisend.

Die jungen Buchenblätter spreizen sich wie ein Fächer auseinander.

Buchenzweig mit Bucheckern (S.40) und Blättern

Knospen mit Bart
Diese "Fransen" sind ein Kennzeichen der aus dem Nahen Osten stammenden, heute aber in ganz Europa verbreiteten Zerreiche. Wie alle Eichen besitzt sie Knospengruppen an den Zweigspitzen.

Unterhalb der Zweigspitze stehen die Knospen wechselständig.

"Fransen" umgeben die Knospen.

Blätter und Blüten des Wolligen Schneeballs

Wachstum nach allen Richtungen

Knospengruppe am Zweigende

Wechselständige Knospen unterhalb der Zweigspitze

Knospengruppen
Bei Eichen stehen die Knospen in dichten Gruppen an den Zweigenden. Dadurch erhalten die Eichen ihre charakteristische Wuchsform mit dichter Verzweigung in alle Richtungen.

UNVERHÜLLT
Bei den meisten Bäumen schützen dicke Schuppen die Knospen. Bei einigen Arten, z.B. dem Wolligen Schneeball, sind die Blattanlagen allerdings nur von feinen Härchen umgeben.

Ungeteilte Blätter

Die Blätter eines Baumes sind kleine chemische Fabriken, die mit Hilfe des Sonnenlichts aus Kohlendioxid und Wasser Zuckermoleküle herstellen. Diese dienen dann als Brennstoff für die Zellen oder zur Herstellung von Zellulose, der Substanz, aus der die Zellwände der Pflanzen aufgebaut sind. Im Holz ist noch Lignin in die Zellwände eingelagert. Laubblätter können in zwei Gruppen eingeteilt werden: einfache (ungeteilte) und zusammengesetzte oder Fiederblätter.

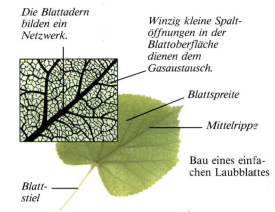

Die Blattadern bilden ein Netzwerk.

Winzig kleine Spaltöffnungen in der Blattoberfläche dienen dem Gasaustausch.

Blattspreite

Mittelrippe

Bau eines einfachen Laubblattes

Blattstiel

Silberweide

Korbweide

Lanzettförmige Blätter
Viele Weidenarten haben lange schmale Blätter mit silbrigen Härchen auf der Unterseite.

Gesägter Blattrand

OVALE BLÄTTER
Kirschblätter sind oval, fein gesägt und leicht zugespitzt.

Feine Härchen auf der Blattoberseite

KLEINER RIESE
Die großen ovalen Blätter einiger Magnolienarten werden bis zu 30 cm lang. Abgebildet ist ein junges Blatt.

LANG UND GEZÄHNT
Die Edelkastanie besitzt lange, derbe gezähnte Blätter. Die in warmen Gebieten Europas verbreitete Art kam einst auch in Nordamerika vor, wurde dort aber von einer Mehltauepidemie ausgerottet.

HERZFÖRMIGE BLÄTTER
Herzförmige symmetrische Blätter sind im Pflanzenreich selten. Dies ist das Blatt eines Judasbaumes, der gern in Parks und Gärten angepflanzt wird.

ASYMMETRISCH
Lindenblätter sind asymmetrisch. Im Sommer sind sie oft vom klebrigen Honigtau der Blattläuse bedeckt.

Glatte, dunkelgrüne Oberseite

Helle Unterseite

ZWEIERLEI SEITEN
Die rundlichen Blätter der Graupappel sind unterseits hellfilzig.

Die Blutbuche enstand durch Mutation (Erbgutveränderung).

PANASCHIERTE BLÄTTER
Bei den meisten Pflanzen ist das Chlorophyll gleichmäßig verteilt. Bei panaschierten Blättern aber fehlt es stellenweise. Bei Topfpflanzen wird eine Panaschierung oft absichtlich angezüchtet.

panaschiert

normal

panaschiert

Stechpalmenblätter

Gezüchteter Japanischer Blutahorn

ROTE BLÄTTER
Auch dunkelrote Blätter enthalten das grüne Chlorophyll, aber es wird von anderen Pigmenten überdeckt.

Gezüchteter Japanischer Blutahorn

Junges Blatt, das sich aus seiner schützenden Umhüllung hervorstreckt

Zweizipfeliges Blatt

Einkerbung in Blattmitte

Parallele Blattadern

Stieleiche

FORMENVIELFALT
Die meisten laubwerfenden Eichen-arten haben gebuchtete oder ge-zähnte Blätter, die sich etwas ledrig anfühlen. Immergrüne Eichen da-gegen haben kleine, lanzettliche Blätter.

Weiß-eiche

Rot-eiche

SONDERLINGE
Die beiden Tulpenbaumarten – ei-ne aus Nordamerika, die andere aus China – haben ungewöhnlich ge-formte Blätter. Der Vorderrand sieht wie abgeschnitten aus und endet in zwei Zipfeln. Bei älteren Blättern kommen noch zwei Zipfel an den Blattseiten hinzu.

LEBENDES FOSSIL
Ginkgos mit ihren fächerartigen Blättern kennt man schon als 200 Millionen Jahre alte Fossilien. Die einzige rezente Art, der chinesische Götterbaum, wird weltweit in Parks und Gärten angepflanzt.

Weinblättriger Ahorn

HANDFÖRMIGE BLÄTTER
Die Blätter der meisten Ahornarten sind hand- oder finger-förmig gelappt. Ausnahmen bilden der Eschenahorn mit zusammengesetzten Blättern (Fiederblättern) und der Streifen-ahorn, dessen Blätter nur in Zipfel auslaufen.

Pennsyl-vanischer Streifen-ahorn

Japanischer Ahorn

ÄHNLICHKEIT
Auch Platanenblätter sind hand-förmig und ähneln damit manchen Ahornblättern. Die Platane ist aber nicht mit den Ahornen verwandt, wie man an den ganz verschiedenen Früchten erkennen kann.

TROMPETENBAUM
Zu den Arten mit den größten Blättern gehört der Trompetenbaum *(Catalpa)*. Er wächst in den Subtropen Osta-siens und Nordameri-kas. Seine Blätter werden bis zu 30 cm lang. In kühlerem Kli-ma bleiben sie meist kleiner.

Trompetenbaum

Fiederblätter

Zu den Fiederblättern gehören auch die größten Laubblätter der Erde. Sie werden bis zu 1 m lang. Auf den ersten Blick erscheinen die Fiedern wie viele kleine Einzelblätter, die am selben Stiel sitzen. Eine genauere Untersuchung zeigt, daß dies nicht so ist: jedes zusammengesetzte Blatt entwickelt sich aus einer einzigen Knospe, und nach dem Laubfall bleibt nur dort eine Narbe zurück, wo der gemeinsame Stiel am Zweig saß.

DREIGETEILT
Blätter mit drei Fiedern sind bei Bäumen selten. Sie treten bei einigen Ahornen und beim Amerikanischen Hopfen auf. Die Abbildung zeigt ein Blatt des europäischen Goldregens.

Goldregenblatt

Alter Hickory

ERBSEN-VERWANDTE
Rundliche, ganzrandige Fiederblättchen sind charakteristisch für die Ordnung der Hülsenfrüchtler, zu denen auch die Akazien und die nordamerikanische Robinie gehören.

VOGELBEERE
Die Vogelbeere oder Eberesche besitzt kurze, feingesägte Fiederblättchen und gedeiht in Städten ebenso wie an Berghängen.

Fiederchen fast gleich groß

Fiederblättchen im oberen Teil verbreitert

WALNUSSGEWÄCHSE
Die nordamerikanischen Hickories und die europäische Walnuß gehören zur selben Pflanzenfamilie. Alle Vertreter besitzen große gefiederte Blätter, die bis zu 75 cm lang werden. Dieses Blatt stammt von der amerikanischen Bitternuß, einer Hickoryart.

ESSIGBAUM
Die schlanken, eleganten Fiedern des Essigbaums sind am Rand fein gesägt. Der Stamm ist von weichem Filz überzogen, der dem Bast eines Hirschgeweihs ähnelt. Der aus Nordamerika stammende Baum wird gern als Park- und Gartenbaum angepflanzt.

Roßkastanienblatt

*Im Kreis angeord-
nete Fiederblätter*

Alte, voll belaubte Esche

ESCHE

Die Esche ist der häufigste europäische Baum mit
geteilten Blättern. Die Blätter stehen in großen Abständen, so daß der Baum recht wenig Schatten
spendet. Im Herbst wirft die Esche ihr Laub erst
sehr spät ab. In vielen Mythen wird der Esche große Heilkraft zugeschrieben. So glaubte man früher,
daß ein krankes Kind gesund würde, wenn man es
durch die Zweige einer Esche hob.

GEFINGERTE BLÄTTER

Alle Roßkastanien besitzen große
Fiederblätter, die wie die Finger
einer Hand nach außen weisen.
Unsere heimische Roßkastanie hat
7 oder 9 Fiederblätter, die ab-
gebildete amerikanische Verwandte
nur 5.

Herkuleskeule

DOPPELT
GEFIEDERT

Der nord-
amerikanische
Herkuleskeulen-
baum *(Zantho-
xylum clava-
herculis)* besitzt
riesige doppelt
gefiederte Blätter: von
der Hauptachse des
Blattes zweigen Neben-
achsen ab, an denen
einfache Fiederblätt-
chen sitzen. Die Blätter
werden bis zu 1 m
lang und fast ge-
nauso breit. Eine solche
Blattform besitzt sonst
nur noch der ebenfalls
amerikanische Geweih-
baum, ein Hülsenfrücht-
ler. Seine Samen wurden
im vorigen Jahrhundert
als Kaffee-Ersatz ver-
wendet.

*Gleichgroße
paarige Fiedern*

29

Nadeln und Schuppen

Während die Blätter der Laubbäume weich und flächenhaft ausgebildet sind, mit verzweigten und vernetzten Blattadern, haben die Blätter der Nadelbäume (Koniferen) eine andere Gestalt: Es sind meist schlanke, harte Nadeln mit parallel verlaufenden Blattadern. Der Blattquerschnitt ist rund, kantig oder abgeflacht. Bei den Zypressen treten kleine, schuppenartige Blätter auf. Bis auf wenige Arten wie die Lärchen sind Nadelbäume immergrün – sie werfen im Herbst ihre Blätter nicht ab. Die größte Familie der Koniferen bilden die Kieferngewächse, zu denen u.a. Kiefern, Fichten, Tannen, Lärchen und Zypressen gehören.

ZIERGEHÖLZE
Manche Koniferen werden wegen ihrer hübschen Nadeln gezüchtet. Dieser Zweig mit der federartigen Benadelung stammt von einer Zypressen-Zuchtform.

Atlaszeder

Zweig der Atlaszeder mit blaugrünen Nadeln

Nadeln paarweise

NADELBÜSCHEL
Bei den Zedern wachsen die Nadeln wie bei den Lärchen in Büscheln. Im Gegensatz zu Lärchen sind Zedern immergrüne Bäume.

Waldkiefer

Zirbelkiefer

Nadeln in Fünfergruppen

LANGE NADELN
Kiefern besitzen lange, dünne Nadeln, die in Zweier-, Dreier- oder Fünfergruppen wachsen. Jede Nadel hat eine dicke Außenhaut und darüber eine Wachsschicht als Verdunstungsschutz. Daher können Kiefern noch wachsen, wo es für andere Bäume zu trocken ist.

Flache, dunkelgrüne Nadeln

Montereykiefer

Nadeln in Dreiergruppen

GIFTIG
Eiben besitzen schraubig oder zweizeilig angeordnete kurze, flache Nadelblätter. Eibennadeln sind giftig.

NADELSTREIFEN
Tannennadeln sind kurz, flach, hart und sehr frostbeständig. Sie sind an der Spitze gekerbt und haben unterseits zwei weiße Längsstreifen. Der Name ''Weißtanne'' kommt aber von der im Alter grauweißlichen Borke. Die Nadeln sitzen mit einer scheibenförmigen Basis am Zweig.

Nadelunterseite mit weißen Streifen

Tannennadeln sind oberseits anders gefärbt als unterseits.

Dunkelgrüne Nadeloberseite

Junge Nadeln

Alte Nadeln

Harte, dreieckige, sehr spitze Blätter —

Chile-Tanne

STOCKAUSSCHLAG
Der kalifornische Küstenmammutbaum *(Sequoia)* ist wie manche Laubbäume (S. 61) zum Stockausschlag fähig.

NADELKISSEN
Die vierkantigen Fichtennadeln stehen auf kleinen ''Nadelkissen'' rings um die Zweige. Unser Weihnachtslied ''O, Tannenbaum'' ist eigentlich falsch, da meist Fichten als Weihnachtsbäume genommen werden.

RINGSUM BESCHUPPT
Die Sicheltanne, eine nahe Verwandte der Mammutbäume, trägt kleine schuppenartige Nadeln rings um die Zweige.

EINZIGARTIGE ERSCHEINUNG
Bei der Chiletanne handelt es sich nicht um eine Tanne. Sie gehört vielmehr zu den Araukarien, die in Südamerika und Australien ihr natürliches Vorkommen haben. In den anderen Kontinenten wird sie gern als Ziergehölz in Parks angepflanzt.

Junge, gelbliche Nadeln

Sumpfzypresse

Die weichen Nadelbüschel werden im Herbst abgeworfen.

In der Zypressenfamilie sind die Blättchen klein, flach und weich.

FARBWECHSEL
Die Sumpfzypresse (S.18) ist eine blattwerfende Konifere. Wenn sich im Frühling die neuen Nadeln entwickeln, sind sie gelblich, erst später werden sie dunkelgrün.

WINTERKAHL
Lärchen gedeihen auch in sehr kalten Regionen. Wie bei der Zeder stehen die Nadeln in Büscheln, werden jedoch im Herbst abgeworfen.

KEINE NADELN
Die Lebensbäume (Gattung *Thuja*) gehören zur Familie der Zypressen. Ihre flachen, weichen, schuppenartigen Blättchen liegen an jedem Zweig in einer Ebene. Wenn man die Blättchen zerdrückt, treten aromatische Duftstoffe aus.

LEBENDES FOSSIL
Der chinesische Mammutbaum *(Metasequoia)* war nur aus Millionen Jahre alten Fossilfunden bekannt und galt als ausgestorben, bis man 1941 in Zentralchina einen Bestand lebender Bäume entdeckte.

Die weichen, flachen Nadeln werden im Herbst abgeworfen.

RIESIG UND ZIERLICH
Der Riesenmammutbaum *(Wellingtonia)* ist eine der höchsten Baumarten der Erde, hat aber winzige Blätter. Sie sitzen als kleine Schüppchen dicht um den Zweig herum.

ZWEI BLATTTYPEN
Der Gewöhnliche Wacholder hat spitze, nadelartige Blätter, aber es gibt auch Arten mit kleinen Schuppenblättern. Das Holz des Virginischen Wacholders (Nordamerika) wird für Bleistifte verwendet.

Vom Winde verweht

Baumblüten sind äußerst vielfältig in Größe und Gestalt. So besitzen einige Palmen meterhohe Blütenstände, während andere gleichgroße Bäume winzige Blüten aufweisen, die man nur mit einer Lupe erkennen kann. Laubbäume bilden Blüten, die in Kelch- und Kronblätter gegliedert sind. Nadelbäume dagegen bilden Zapfenblüten mit holzigen Deckschuppen. Viele Bäume ohne bunte Kronblätter, die Insekten anlocken könnten, werden vom Wind bestäubt.

Weibliche Blüte

Junge Blätter

Männliche Blüte

BLÜTEN ZUERST
Lärchen entlassen ihren Pollen, bevor sich die Nadelblätter entwickeln. Wie bei allen Koniferen werden die weiblichen Blüten zu Zapfen, in denen die Samen reifen.

POLLENFANG
Alle Koniferen sind Windbestäuber. Bei der Lawsonzypresse sitzen die winzigen weiblichen Blüten ganz vorn an den Enden der kleinsten Zweige. Dies ist der beste Platz, um die vom Wind herangetragenen Pollenkörner abzufangen.

Männliche Blüten an den Zweigunterseiten

Männliche Blüten (Kätzchen)

An der klebrigen Narbe bleiben Pollenkörner haften.

Einzelblüte aus einem männlichen Kätzchen

Staubbeutel

HASELBLÜTE
Haselkätzchen werden im Herbst gebildet, öffnen sich aber erst im Frühjahr. Jedes Kätzchen erzeugt über 2 Millionen Pollenkörner.

GETRENNTGESCHLECHTLICH
Eiben sind "zweihäusig", d.h. männliche und weibliche Blüten befinden sich auf verschiedenen Pflanzen. Die hier gezeigten Blüten gehören zu einem männlichen Baum.

FRÜHBLÜHER
Die Hasel blüht sehr zeitig im Frühjahr. Wenn die Temperatur an zwei bis drei aufeinanderfolgenden Tagen über dem Gefrierpunkt bleibt, entfalten sich die Kätzchen und lassen ihre Pollen vom kühlen Wind davontragen.

Weibliche Blüten mit roten Narben

Weibliche Blütenzapfen

EINGESCHLECHTIG
Erlen sind "einhäusig", weibliche Blütenzapfen und männliche Blütenkätzchen wachsen auf demselben Baum.

Junges Blatt

Männliche Blüten (Kätzchen)

Männliche Blütenkätzchen

HAINBUCHE
Bei der zu den Birkengewächsen gehörenden Hainbuche entfalten sich die männlichen Blüten vor den weiblichen.

POLLENWOLKEN
Bei trockenem Wetter entlassen männliche Erlenkätzchen Millionen von nur etwa 0,03 mm dicken Pollenkörnern in die Luft.

Wachsender Sproß

Männliche Blüten

SPUREN DER VERGANGENHEIT
Pollenkörner sind äußerst dauerhaft. An z.B. in Mooren konservierten Pollen läßt sich feststellen, welche Pflanzen früher dort wuchsen.

Gruppe aus weiblichen Blüten

STRASSENSTAUB
Die gern angepflanzten Platanen überschütten im Frühling Straßen und Parks mit Pollen. Sowohl männliche als auch weibliche Blüten sind kugelförmig und hängen in kleinen Gruppen zusammen.

SCHWEBHILFE
Die Pollenkörner von Kiefern besitzen zwei seitliche Luftsäcke, die als Schwebhilfen dienen, so daß der Wind die Pollenkörner weit forttragen kann.

Männliche Blüten einer Waldkiefer

KENNZEICHEN STIEL
Die unauffälligen, gelblich-grünen männlichen Kätzchen öffnen sich im späten Frühjahr. Die weiblichen Blüten – später die Eicheln – sitzen an 1-2cm langen Stielen, daher der Name Stieleiche.

Dreigeteiltes männliches Kätzchen

Gestielte weibliche Blüten

Männliche Kätzchen

VERZWEIGTE KÄTZCHEN
Die männlichen Blütenkätzchen der Hickories sind in drei Teile verzweigt. Die weiblichen Blüten stehen an den Zweigen und sind ganz unauffällig.

Weibliche Blüte an diesjährigem Sproß

NACHEINANDER
Bei der Walnuß werden männliche Blüten an vorjährigen Sprossen gebildet und weibliche Blüten an diesjährigen.

Insektenbestäubung

Fast alle auffällig bunt gefärbten Blüten werden von Tieren bestäubt, meist von Insekten. Solche Blüten erzeugen zuckerreichen Nektar, der Bienen, Schmetterlinge, Käfer, Fliegen und zahlreiche andere Insekten anlockt. Die Pollen insektenbestäubter Bäume sind mit einem Durchmesser von bis zu 0,3 mm größer als die der windbestäubten. Ihre Oberfläche ist mit Haftvorrichtungen versehen, so daß sie am Körper von Insekten hängen bleiben und auf diese Weise von Baum zu Baum transportiert werden.

LOCKENDER DUFT
Die Vogelkirsche lockt Insekten durch Farbe und durch einen mandelähnlichen Duft an wie zahlreiche andere insektenbestäubte Pflanzen auch.

Griffel mit Narbe (weiblich)

Staubblatt (männlich)

Insekten befördern Pollen von den Staubblättern zu den Narben der Fruchtblätter.

Fruchtknoten (weiblich)

Große, wachsartige Kronblätter

Nach der Bestäubung verwelken die Blüten und die Fruchtreifung beginnt.

KANZANKIRSCHE
Die japanische Kanzankirsche ist eine der beliebtesten Zierkirschen. Sie bildet große Büschel von rosa Blüten, aber sie trägt keine Früchte. Die prächtigen Blüten sind nur zum Anschauen gezüchtet worden. Ihre Fortpflanzungsorgane sind funktionsunfähig.

LANGER STAMMBAUM
Die ersten Blüten erschienen vor etwa 200 Millionen Jahren bei magnolienähnlichen Pflanzen. Die großen, kelchartigen Blüten dieser Familie veränderten sich seitdem nur wenig. Alle Arten tragen Frucht- und Staubblätter spiralig an einer kurzen Achse.

GEZÜCHTETE VIELFALT
Über hundert Rassen von Zierkirschen wurden im Laufe der Jahrhunderte aus mehreren Wildarten gezüchtet, die Japanische Zierkirsche wahrscheinlich aus vier Wildformen.

Zwei Kronblattkreise gibt es nur bei gezüchteten Kirschenrassen.

Zurückgebildete Staub- und Fruchtblätter

Zwei Kronblattkreise

ZIERAPFEL
Schon die Römer haben Apfelbäume gezüchtet – nicht nur
wegen der Früchte (S.39),
sondern auch wegen der
schönen Blüten. Wie bei
allen Kernobstbäumen sitzen fünf
Kronblätter am Oberrand eines
Blütenbechers. Nach der Befruchtung entsteht aus diesem Becher
das Fruchtfleisch des Apfels.

*Fünfblättriger
Kronblattkreis*

SCHLEHE
Die Schlehe (Schwarzdorn)
wächst als Strauch oder
kleiner Baum und blüht
vor der Blattentfaltung.
Die Staubbeutel
öffnen sich erst,
nachdem die Narbe
verwelkt ist, so daß
Selbstbestäubung
vermieden wird.

*Büschel von Blüten an
dornenartigen
Seitenzweigen*

Flechtenbewuchs

GEMISCHTE BLÜTEN
Die Roßkastanie wird von Bienen
bestäubt. Jeder Blütenstand enthält
zwei Blütentypen: Einige Blüten
sind nur männlich, während andere
männliche und weibliche
Organe besitzen
(Zwitterblüten).
Nur aus letzteren
entwickeln sich
Früchte.

*Reife Staub-
blätter mit
geöffneten
Staubbeuteln*

OBSTGÄRTEN
Bei vielen Apfelsorten
kommt es nur zur Frucht-
bildung, wenn die
Befruchtung durch
Pollen anderer
Sorten erfolgte. Man
pflanzt deshalb verschiedene
Sorten nebeneinander an,
so daß die Übertragung
fremden Pollens durch
Bienen gesichert ist.

Große und kleine Bestäuber

Die Blüten vieler Bäume locken durch Farbe und Duft Tiere an. Wenn diese versuchen, an den tief im Inneren der Blüte verborgenen Nektar zu gelangen, werden sie aufgrund des Aufbaus der Blüte unweigerlich mit Blütenstaub eingepudert. Meistens sind Insekten die Bestäuber, aber einige Pflanzen, vor allem der Tropen, sind an den Besuch von Fledermäusen oder Vögeln angepaßt, die dann den Pollen weitertragen und für die Bestäubung sorgen.

Das untere Paar der fünf Kronblätter bildet einen Kiel, der bei der Landung eines Insekts auseinanderklappt.

JUDASBAUM
Die Blüten des Judasbaumes sind so gebaut, daß sie sich durch das Gewicht eines gelandeten Insekts öffnen. Dabei wird das Tier mit Blütenstaub eingepudert.

Blühender Judasbaum

ZIERLICHE BLÜTEN
Die dichten, nektarreichen Blütenstände der Ahorne erscheinen vor oder mit den Blättern. Jede winzige Einzelblüte besitzt ringförmig angeordnete pollenpralle Staubblätter. Abgebildet ist der Blütenstand eines Bergahorns.

Wilder Weißdorn

Zuchtform mit roten Blüten und zwei Kronblattkreisen

LANDEPLATTFORM
Kleine, dicht zusammenstehende Blüten, wie hier bei der Eberesche, bilden eine beinahe geschlossene Landeplattform für Insekten.

ZWEIFARBIG
Der Weißdorn ist nach der Farbe seiner Blüten benannt, es gibt vereinzelt aber auch rotblütige Vertreter. Die Blüten enthalten etwa 20 Staubblätter mit roten Staubbeuteln.

Braktee

Eigentliche Blüte

Blüten-knospe

Sich öffnende Knospe mit zurückgeklappten Kelchblättern

Sechs Kronblätter, kreisförmig angeordnet

Kelchblätter

FALSCHE BLÜTENBLÄTTER
Bei den meisten Blüten locken die großen auffälligen Kronblätter die Bestäuber an. Aber es gibt auch andere Wege, um optisch aufzufallen: Dies ist der Zweig eines amerikanischen Hartriegels. Die vier weißen Blätter sind keine Kronblätter, sondern ''Brakteen'', kronblattartig umgewandelte Hochblätter.

Ausgebreitete Kronblätter am Eingang der Blütenröhre

Nektarenthaltende Röhre

Der Schnabel bildet eine kleine Röhre zum Nektartrinken.

VÖGEL ALS BESTÄUBER
In den Tropen Amerikas sorgen Kolibris bei vielen Pflanzen für die Bestäubung. Diese Vögel haben einen langen, dünnen Schnabel, der tief in die Blüten reicht.

RÖHRENBLÜTEN
Beim indischen Trompetenbaum *(Catalpa)* befindet sich der Nektar am Grund der röhrenförmigen Blüten. Insekten müssen ganz in die Röhre hineinkriechen und werden dabei mit Pollen eingestäubt.

NACH DER BLÜTE BENANNT
Der Tulpenbaum, ein Magnoliengewächs, ist nach seinen becherförmigen tulpenähnlichen Blüten benannt. Die Geschlechtsorgane stehen spiralig an einem kleinen Zapfen.

Haarige Zungenspitze als Bürste zum Pollensammeln

FLEDERMÄUSE ALS BESTÄUBER
Affenbrotbaum und Johannisbrotbaum gehören zu den von Fledermäusen bestäubten Bäumen. Die stattlichen Blüten beider Arten produzieren vor allem nachts große Mengen Nektar. Fledermäuse fressen sowohl Nektar als auch Pollen und befördern dabei Pollen von einer zur nächsten Blüte. Die meisten Fledermäuse flattern bei ihrer Mahlzeit vor der Blüte auf der Stelle, genau wie die Kolibris, nur weniger elegant.

STARKER DUFT
Holunderblüten verströmen einen intensiven Duft, der zahlreiche Insekten, vor allem Schwebfliegen, anlockt. Aus frisch geöffneten Blüten kann man Holunderwein herstellen, ältere Blüten beginnen zu stinken.

Früchte

Nach der Bestäubung wächst vom Pollenkorn aus ein Pollenschlauch bis zur Eizelle, die in der Samenanlage liegt, und dort erfolgt die Befruchtung. Danach wächst die befruchtete Eizelle zum fertigen Samen heran, der oft noch von Fruchtfleisch umgeben ist. Wie bei der Bestäubung wirken auch bei der Samenverbreitung häufig Tiere mit. Vögel werden von bunten saftigen Früchten angelockt, fressen sie und scheiden die vom Fruchtfleisch befreiten unverdauten Samen an anderen Orten wieder aus, wo dann ein neuer Baum wachsen kann.

VERBOTENE FRUCHT
Adams und Evas Sündenfall bestand darin, daß sie von der verbotenen Frucht aßen. Man spricht gewöhnlich von einem Apfel, aber die Bibel bezeichnet die Frucht nicht genau.

Der kleine Samen liegt in einem saftigen Samenmantel, dem Arillus.

FARBSTOFFE
Rote Früchte wie Vogelbeeren erhalten ihre Farbe von Carotinoiden, die auch Karotten färben und von diesen ihren Namen haben.

GIFTIGE SAMEN
Eiben (und Wacholder) sind ungewöhnliche Koniferen, denn sie bilden keine holzigen Zapfen, sondern bunte, fleischige Beerenzapfen. Der rote Samenmantel ist der einzige ungiftige Pflanzenteil der Eibe. Vögel verdauen ihn und scheiden die giftigen Samen unversehrt aus.

BLUTROT
Nach einer griechischen Sage hat das Blut des Pyramus die Früchte des Maulbeerbaums rot gefärbt. Diese Gestalt tritt auch in Shakespeares *Mittsommernachtstraum* auf.

Unreife, rote Maulbeere

Reife, schwarze Maulbeere

Seidenspinnerraupen fressen ausschließlich Maulbeerblätter

Die ''Beeren'' sind, fachlich ausgedrückt, Sammelnußfruchtstände.

GENÜGSAMER HOLUNDER
Holunderbeeren werden meist von Vögeln gefressen. Die ausgeschiedenen Samen keimen auch, wenn fast kein Boden vorhanden ist. Oft wachsen Holunderbüsche an Häusern, wenn Samen in Mauerritzen gefallen sind.

WINTERNAHRUNG
Mehlbeeren, die Früchte des Weißdorns, sind im Winter für viele Vögel ein wichtiges Nahrungsmittel. Sie sind noch am Baum, wenn andere Gehölze längst ohne Früchte dastehen.

Kultivierung

Über Jahrhunderte wurden Obstbäume gezüchtet, deren Früchte den Wünschen des Menschen entsprechen. Der Apfel zeigt die Veränderungen, die durch Kultivation erfolgten, sehr gut. Wilde Apfelbäume, die hier und da noch vorkommen, haben kleine, bittere, für den Menschen ungenießbare Früchte, die von Vögeln verbreitet werden. Inzwischen hat man über tausend Sorten mit immer größeren und süßeren Früchten gezüchtet. Dazu wurden immer wieder die vielversprechendsten Bäume miteinander gekreuzt und aus ihren Samen Nachkommen gezogen. Von diesen wurden wieder nur die besten zur weiteren Züchtung verwendet. Das Ergebnis sind unsere heutigen wohlschmeckenden Apfelsorten.

APFELWISSENSCHAFT
"Pomologen" sind Apfelzüchter; sie nutzen die Erkenntnisse der Genetik, um Sorten zu züchten, deren Früchte gut schmecken und auch noch leicht zu ernten sind. Apfelbäume tragen heute schon Früchte, wenn sie erst 1m hoch sind.

Parmäne – eine junge Sorte

Der Blütenboden bildet das Fruchtfleisch, das die Samen umwächst.

Samen

Boskop – eine alte Sorte mit einer derben Schale

Einsamiger Steinkern, typisch für Prunus-Arten

Nektarine

Birne

Samen

Kammerwand

DIE KLEINSTEN
Damaszenerpflaumen gehören zu den kleinsten Sorten. Wie alle Pflaumen kann man sie leicht aus Samen ziehen.

MISCHLINGE
Die meisten Kultursorten der Pflaume gehen auf Kreuzungen zwischen der Schlehe (S.35) und der Kirschpflaume zurück.

FAMILIEN-ÄHNLICHKEIT
Zur Gattung Prunus gehören außer der Pflaume auch Aprikose, Pfirsich, Kirsche, Mandel und Nektarine.

SAMEN IN KAMMERN
Bei Äpfeln und Birnen umschließt das Fruchtfleisch meist 5 dünnwandige Kammern (Bälge) mit je 1-2 Samen.

ZITRUSFRÜCHTE
Zitrusfrüchte enthalten verschieden hohe Anteile an Fruchtzucker und Zitronensäure. Zitronen erhalten vom besonders hohen Säureanteil ihren typischen Geschmack.

SÜSS UND BITTER
Die süß schmeckende Apfelsine wird roh gegessen, während man die Bitterorange oder Pomeranze besonders in England gern zu Marmelade verarbeitet.

Reste der 5 Kelchblätter sitzen am Oberrand der Frucht

MISPEL
Bei der Mispel sind die Wände der 5 Samenkammern verholzt. Die Früchte sind erst nach Frosteinwirkung roh genießbar.

ALTE KULTURPFLANZE
Wegen ihrer stark ölhaltigen Früchte, den Oliven, werden Ölbäume schon seit Jahrtausenden kultiviert.

GRUND-NAHRUNGSMITTEL
Drosseln und viele andere Vögel sind im Winter auf Früchte an Bäumen und Sträuchern angewiesen.

Harte Schale – weicher Kern

Zur Samenverbreitung gibt es verschiedene Möglichkeiten: einige Samen sind in saftigem Fruchtfleisch verpackt, das von Tieren gefressen wird, andere sind von einer festen Schale umgeben. Die Gestalt der Samen hängt von der Art der Verbreitung ab: durch Tiere, den Wind oder das Wasser. Harte Samen mit dicker Hülle, z.B. Walnüsse, Haselnüsse und Bucheckern, werden von Tieren wie Spechten und Eichhörnchen als dauerhafter Nahrungsvorrat eingesammelt und versteckt. Die meisten werden dann zwar gefressen, aber einige bleiben übrig und keimen. Andere Samen besitzen Schwebeorgane, so daß der Wind sie weit forttragen kann. Einige Bäume der Ufervegetation nutzen das Wasser zur Samenverbreitung. Erlensamen z.B. enthalten Öltröpfchen, die sie schwimmfähig machen. Sie fallen ins Wasser und werden von der Strömung an neue Ufer getragen.

SAMEN-KÄTZCHEN
Der aus Asien stammende Flügelnußbaum ist im Spätsommer über und über mit langen Samenkätzchen behangen. Die Samen tragen ringsum einen Kragen, der als Schwebeorgan bei der Windverbreitung dient und dem Baum den Namen gegeben hat.

BANKETT UNTER BUCHEN
Bucheckern, die Nußfrüchte der Rotbuche, sind sehr fettreich. Früher wurden oft Schweine zur Buchenmast in den Wald getrieben.

SAMEN AN FÄDEN
Der nordamerikanische Gurkenbaum *(Magnolia acuminata)* besitzt leuchtend rote Schotenfrüchte. Die Schoten platzen auf und die leuchtend roten Samen pendeln an dünnen Fäden heraus.

HASELNÜSSE
Haselnüsse besitzen stark ölhaltige Samen. Es gibt mehrere Haselarten mit verschieden großen Nüssen.

PISTAZIEN
Die im Mittelmeergebiet und in den südlichen USA angebauten Pistazien werden gern zur Verzierung von Gebäck und zur Aromatisierung von Wurst (Mortadella) genommen.

Stachelige Fruchthülle

Gekammerte, fleischige Samen

Maronenröster

ESSKASTANIEN
Eßkastanien (Maronen) schmecken süß und sind nahrhaft. Die besten Maronen wachsen in Spanien und Kalifornien.

ROSSKASTANIEN
Die Samen der Roßkastanie sind für den Menschen schwach giftig, doch viele Tiere (Rehe, Rinder, Schafe) können größere Mengen fressen, ohne daß Vergiftungserscheinungen auftreten.

Einfach geflügelte Samen hängen paarweise zusammen.

Flügelstellung verrät die Art: hier ein Spitzahorn

Wenn die Hülsen aufplatzen, fallen die Samen heraus.

Eschenfrüchte verbleiben oft über Winter am Baum.

GEFLÜGELT
Ahornfrüchte besitzen auffällige Flügel. Mit ihnen trudeln die Propellerfrüchte wie kleine Hubschrauber zu Boden.

GIFTIGE SAMEN
Der Goldregen wird gern in Gärten angepflanzt, aber Vorsicht: seine Samen sind sehr giftig. Die Hülsenfrüchte enthalten jeweils mehrere Samen.

ESCHE
Eschenfrüchte, lang geflügelte Nüsse, hängen in Büscheln von den Zweigen herab. Es gibt rein männliche, rein weibliche und zwittrige Bäume, daher sind manche Äste oder auch ganze Bäume ohne Früchte.

Aus den schuppigen Fruchtzäpfchen fallen die winzigen, leichten Nüßchen heraus.

PIONIERPFLANZE
Birkenfrüchte sind winzige, geflügelte Nüßchen, die vom Wind über weite Entfernungen verweht werden. Daher gehören Birken zu den Erstbesiedlern von Brachflächen.

LINDENNÜSSE
Bei Linden stehen 3-5 Blüten gemeinsam an einem Vorblatt. Die Früchte sind kugelige, kleine Nüßchen. Das Vorblatt dient als Flugorgan der Samenverbreitung.

Unreifer Fruchtstand

Reife, abgefallene Eicheln

Noch unreife Eichel im Fruchtbecher

NAHRHAFTE EICHELN
Die meisten Eichen fruchten erst, wenn sie etwa 50 Jahre alt sind. Ihre Früchte sind, botanisch ausgedrückt, Nüsse. Sie sind für den Menschen genießbar. Ein Indianerstamm in Kalifornien hat Eicheln sogar als Grundnahrungsmittel verwendet und zu Mehl verrieben.

Von einer Gallwespe geschädigte Frucht

TULPENBAUM
Tulpenbäume bilden spitz zulaufende Fruchtstände aus, die zuerst grün und später braun sind. Der Fruchtstand ähnelt einem Federball. Aus ihm lösen sich geflügelte Nüßchen als Einzelfrüchte.

ERLENZAPFEN
Die weiblichen Blütenkätzchen der Erlen verholzen zu kleinen Zapfen, in denen sich kleine Nüßchen entwickeln. Trotz der Zapfen sind die Erlen nicht näher mit den Nadelbäumen verwandt.

Ledrige Fruchthülle

Eßbarer Samen

Verholzter Steinkern

VETTER DER WALNUSS
Was wir als amerikanische Pekannuß kaufen können, ist der Kern aus der Steinfrucht des Pekannuß- oder Hickorybaumes, der nahe mit dem Walnußbaum verwandt ist.

VERGESSENE VORRÄTE
Eichhörnchen sammeln Früchte und Samen und vergraben sie als Wintervorrat. Sie finden nicht alle Verstecke wieder, so daß an diesen Stellen die Samen im nächsten Frühjahr auskeimen.

FALSCHER NAME
Die "Nuß" des Walnußbaumes ist botanisch gesehen der Kern einer Steinfrucht. Er ist bis zur Reife von einer ledrigen grünen Hülle umgeben. Der eßbare Inhalt des Kerns ist der Samen.

PLATANE
Aus den weiblichen Blütenständen der Platane entwickeln sich kugelige Fruchtstände, die den Winter über am Baum bleiben. Im Frühling öffnen sie sich und entlassen kleine Nüßchen mit Haaren, die allergische Reaktionen auslösen können.

Tropische Früchte

Tropische Bäume, die eßbare Früchte liefern, werden seit alters her vom Menschen kultiviert. Die Dattelpalme z.B. wird seit mindestens 5000 Jahren genutzt. Zahllose Baumarten wurden zur Nahrungsmittelproduktion von einem Ende der Welt zum anderen gebracht. Beispiele dafür sind die ursprünglich in Südamerika beheimateten Melonenbäume (Papayas), Avokados und Kakaobäume sowie die aus Asien stammende Mango. Besonderere Bekanntheit erlangte der Brotfruchtbaum. Auf dem Schiff, das die ersten Bäume aus Südostasien in die Karibik transportieren sollte, meuterte die Mannschaft gegen den berüchtigten Kapitän Bligh − das Schiff war die *Bounty*.

Die Kokospalme − Samenverbreitung über das Meer.

TAMARINDE
Die aus Indien stammende Tamarinde gehört zu den Hülsenfrüchtlern (S.28). Die fleischige Samenschale ist ein wertvolles Gewürz, die Hülsen eine alte Naturmedizin.

GEWÜRZE
Viele tropische Baumsamen liefern begehrte Gewürze.

Getrocknete Muskatsamen

MUSKATNUSS
Der Muskatnußbaum liefert zwei verschiedene Gewürze, zum einen den Samen, die "Muskatnuß", zum anderen die fleischige Samenschale, die "Muskatblüte".

Die etwa apfelgroße hartschalige Frucht wiegt bis zu drei Pfund.

Die fettreichen Samen gehören zum Schalenobst.

PARANUSS
Die Kapselfrüchte des Paranußbaumes enthalten jeweils 10-16 hartschalige Samen, umgangssprachlich als "Nüsse" bezeichnet. Heimat des Paranußbaumes sind die Regenwälder des Amazonas. Bis heute ist es nicht gelungen, den Baum in Kultur zu nehmen − alle Früchte werden von wildwachsenden Bäumen gesammelt.

Dicker Fruchtstiel

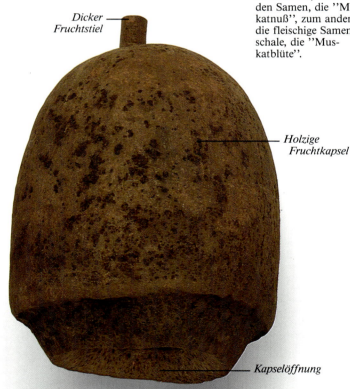

Holzige Fruchtkapsel

Kapselöffnung

Die Kapselfrucht von Barringtonia *ist schwimmfähig.*

SCHWIMM-FRÜCHTE
Viele Bäume tropischer Küsten lassen ihre Früchte oder Samen einfach ins Meer fallen. Viele versinken, einige aber erreichen ferne Ufer und schlagen dort Wurzeln. Die Abbildung zeigt die Samen einer tropischen *Barringtonia*. Die leeren Fruchtschalen dienen Eingeborenen als Töpfe.

Affentopfsamen

AFFENTOPF
Der "Affentopfbaum" (*Lecythis*) ist ein Verwandter der Paranuß. Die leere Fruchtkapsel wurde von Indianern zum Affenfangen verwendet.

Abgeplatzter Deckel

ZARTMACHER
Papayas besitzen nicht nur süße Früchte. Die Pflanze enthält auch Papain, ein eiweißspaltendes Enzym, das man als Zartmacher für zähes Fleisch und in Kaugummis verwendet.

MANGO
Die bis zu 2 kg schwere Steinfrucht des Mangobaumes wird bei uns gelegentlich als Mangopflaume bezeichnet. Das Fruchtfleisch einiger Sorten schmeckt harzig.

Dattelpalmen

Diese Kokosnuß keimt nach einer langen Reise übers Meer.

FRÜCHTE AUS DER WÜSTE
Die in Afrika und dem Nahen Osten heimischen Datteln tragen Fruchtstände mit bis zu je 1500 Datteln.

SCHRUMPFENDER BAUM
Der Baobab oder Affenbrotbaum bildet etwa 20 cm lange gurkenähnliche Hülsenfrüchte. Im dicken Stamm des Baumes wird Wasser gespeichert. In Trockenzeiten, wenn der Baum seinen Wasservorrat aufbraucht, schrumpft er ein wenig.

KAKAO UND SCHOKOLADE
Die 15-20 cm langen Beeren des Kakaobaumes enthalten je 50-60 Samen. Die Azteken verarbeiteten die getrockneten ''Kakaobohnen'' zu *Chocolatl,* einem Brei.

DIE GRÖSSTE FRUCHT DER WELT
Bis zu 20 kg wiegt die Seychellennuß, die riesige Frucht der Fächerpalme *Lodoicea seychellarum.* Die ''Nüsse'' sind zweiteilig und werden deshalb auch ''Doppelkokosnuß'' genannt. Diese Bäume wachsen nur auf den Seychellen.

Kapselwand

Härchen

NATURFASERN
Die feinen Härchen, die die Samen des Kapokbaumes umgeben, wurden vor der Erfindung von Kunstfasern als Isolier- und Füllmaterial z.B. in Matratzen verwendet.

Fichtenkreuz-
schnabel

Zapfen

Der wissenschaftliche Name der Nadelbäume lautet "Coniferae", Zapfenträger: sie besitzen zapfenförmige Blüten- und Fruchtstände. Auf Waldwegen findet man meist die Fruchtstände mit zarten Samenschuppen, die einer kräftigen, holzigen Deckschuppe aufliegen; oft aber sind die Samen schon ausgestreut. Von manchen Bäumen, z.B. Zedern, findet man kaum Zapfen, sie zerfallen schon am Baum.

Reifer
Zapfen
Junge
Zapfen

Unreife
diesjährige
Zapfen

ZIPFEL
Die Zapfen der Sicheltanne sind leicht zu erkennen, denn sie sind kugelrund und jede Schuppe läuft in einen kleinen Zipfel aus.

Reifer
Zapfen

ALTERS-UNTERSCHIED
Wenn die Lärche im Herbst kahl wird, sieht man an den Zweigenenden junge, unreife Zapfen. Weiter hinten sitzen die reifen vorjährigen Zapfen.

Unreife Zapfen sind grün, später werden sie braun.

Unreife
Zapfen
der
Douglasie

FALSCHE TANNE
Bei Tannen sitzen die Zapfen aufrecht am Zweig und zerfallen dort bei der Reife. Die Douglasie besitzt hängende Zapfen, die ganz vom Baum fallen.

Reifer
Zapfen

KLEIN UND LÄNGLICH
Bei Lebensbäumen (*Thuja*, S.31) sitzen Gruppen sehr kleiner, länglicher Zapfen an den Zweigen.

KURZLEBIG
Fichtenzapfen sind weicher und biegsamer als Kiefernzapfen und fallen ab, sobald die Samen ausgestreut sind.

Unreife
Zapfen

Reife Zapfen

KLEIN UND RUND
Zypressenzapfen sind klein und rund und wachsen meist in Gruppen. Unreife Zapfen sind blaugrün und ähneln runzeligen Erbsen. Die Zapfenschuppen liegen nebeneinander, bei anderen Koniferen übereinander.

RIESENBAUMZAPFEN
Die riesigen Mammutbäume besitzen überraschend kleine Zapfen, die zwei Jahre reifen.

Sich auflösender
Zapfen

Schuppe
mit zwei
Samen

ZAPFENÖFFNEN
Die 6-12 schildförmigen Zapfenschuppen der Zypressen weichen bei der Reife allmählich auseinander, so daß die Samen herausfallen können.

EIFÖRMIGE ZAPFEN
Zedern bilden große, glatte, eiförmige Zapfen aus. Die holzigen Schuppen sind recht dünn. Bei reifen Zapfen fallen die Schuppen nach und nach, an der Spitze des Zapfens beginnend, zu Boden. Jede Schuppe trägt zwei Samen.

LANG-LEBIG
Zedernzapfen sitzen aufrecht am Zweig und reifen bis zu drei Jahren. Dann zerfallen sie allmählich.

Same

INNENLEBEN EINES KIEFERNZAPFENS

Junger Zapfen

Reifer Zapfen

Deck-schuppe mit zwei Samen

Nach drei Jahren Reifezeit hat sich der weibliche Blütenstand zum Samen enthaltenden Fruchtstand entwickelt, dem uns vertrauten Kiefernzapfen. Wenn Zapfen neu gebildet werden, sind sie zuerst ganz weich und nur erbsengroß. Nach der Bestäubung wächst der Zapfen und verholzt allmählich, wodurch er seine braune Färbung bekommt. Kiefernsamen entwickeln sich paarweise, jede Fruchtschuppe trägt zwei Samenanlagen. An jedem Samen sitzt ein dünner Flügel, der die Ausbreitung durch den Wind erleichtert. – Der aufgeschnittene Zapfen stammt von einer amerikanischen Steinkiefer. Ihre Samen sind groß und von einer dicken Samenschale umgeben.

Junge Zapfen: grün und geschlossen

Reifer Zapfen

Samen mit Flügeln

HEIMISCHE KIEFER

Die Waldkiefer hat kleine kegelförmige Zapfen. Sie ist neben der Fichte der wichtigste forstlich genutzte Baum in Deutschland.

Bei trockener Witterung öffnet sich der Zapfen.

Bei Nässe schließt sich der Zapfen vollständig.

Wenn es feuchter wird, beginnt sich der Zapfen zu schließen.

WETTERZAPFEN

Kiefernzapfen wurden früher in manchen Gegenden als Wetteranzeiger benutzt. Wie die Abbildung zeigt, können Kiefernzapfen ihre Schuppen etwas auseinanderspreizen oder eng aneinanderlegen. Die Samen werden nur bei trockener Witterung entlassen, dann ''öffnen'' sich die Zapfen.

WEISSE SPITZEN

Die Weymouthskiefer hat schlanke zylindrische Zapfen und die weichsten Nadeln aller Kieferngewächse. Die weißen Tupfen an den Spitzen der Schuppen sind Harztropfen, die der junge Zapfen absondert.

Die Samen der Zuckerkiefer haben 3-4 cm lange Flügel.

Ein Zapfenpaar

NACHBARN

Die Zapfen sind Fruchtstände, die sich nach 2-3 Jahren Reifezeit aus den Blütenständen entwickelt haben. Die Blütenstände werden an den jungen Trieben oft dicht beieinander angelegt.

Alter Zapfen, der die meisten seiner Samen schon ausgestreut hat.

EIN SÜSSER RIESE

Im Westen der Vereinigten Staaten wächst eine Kiefernart, die außergewöhnlich große Zapfen bildet: Sie werden im Schnitt etwa 40 cm lang, und manche Exemplare erreichen sogar 65 cm Länge. Ein solcher riesiger Zapfen wiegt bis zu einem Pfund. Das Harz dieser Kiefernart ist im Gegensatz zu anderem Baumharz sehr süß, daher nennt man sie Zuckerkiefer.

Wenn die Blätter fallen

Die grüne Farbe der Blätter wird durch den Blattfarbstoff Chlorophyll verursacht, der Energie aus dem Sonnenlicht "einfängt". Um das Spektrum optimal auszunutzen, besitzen Pflanzen weitere Farbstoffe (akzessorische Pigmente), die Lichtenergie verschiedener Wellenlängen aufnehmen und an Chlorophyll weiterleiten. Solche Pigmente sind Carotine (rot, gelb oder orange), Xanthophylle (gelb) und Anthocyane (blau, violett oder purpur). Vor dem Laubwurf im Herbst werden die Pigmente abgebaut und ihre Bausteine gespeichert; dabei verändert sich das Mengenverhältnis der noch vorhandenen Pigmente, und das ergibt die prächtige Verfärbung.

FARBVARIATIONEN
Kirschbäume bekommen gelbliche oder rötliche Blätter – je nach Rasse, abhängig vom Klima und von Jahr zu Jahr verschieden.

FARBZÜCHTUNGEN
Manche Zierbäume wurden wegen ihrer schönen herbstlichen Laubfärbung gezüchtet. Ahorne sind für ihre prächtige natürliche Färbung bekannt. In Japan wurden einige Ahornrassen gezüchtet, bei denen die Farbspiele noch eindrucksvoller ausgeprägt sind.

GARTENPRACHT
Persische Eisenholzbäume entfalten eine kaum zu überbietende herbstliche Farbenpracht. Die Rot-, Orange- und Gelbtöne der Blätter werden durch Carotinoide und Anthocyane hervorgerufen. Carotinoide färben auch Karotten orange und sind nach ihnen benannt. Sie sind aber auch in vielen anderen Gemüsen, in Früchten und Blüten enthalten.

HERBST IN AMERIKA
Die herrliche Färbung neuenglischer Wälder wird hauptsächlich von Eichen und Zuckerahornen verursacht.

Gelbfärbung durch Carotinoide

ABWURF EINGEPLANT
Jeden Frühling investieren Laubbäume viel Material und Energie in neue Blätter – und im Herbst werfen sie sie wieder ab. Vorteile des Blattwurfs sind die jährliche Neuausstattung mit unbeschädigten, voll funktionsfähigen Blättern, die Abgabe von Schadstoffen mit den Blättern und Verdunstungschutz im Winter (Schutz vor Frosttrocknis).

SÜSSE VERWANDTSCHAFT
Je höher der Zuckergehalt eines Blattes ist, desto bunter ist seine Herbstfärbung. Der europäische Spitzahorn ist im Herbst schon recht bunt gefärbt, kann aber nicht mit seinen amerikanischen Verwandten konkurrieren. Im extremeren amerikanischen Klima können die Bäume mehr Zucker und daraus mehr Anthocyane herstellen.

WARUM BLÄTTER FALLEN

Knospe für das nächste Jahr

Rest eines Blattstiels

Korkschicht

Eine Korkschicht an der Basis des Blattstiels schneidet die Leitgefäße ab und verschließt nach dem Blattwurf die Wunde.

VON AUSSEN NACH INNEN

An diesen Blättern des Pennsylvanischen Streifenahorns sieht man, daß der Chlorophyllabbau am Blattrand begann und nun zur Blattmitte hin fortschreitet.

TRANSATLANTISCHES FARBSPEKTRUM

Die Blätter europäischer Eichen färben sich meist bräunlich, während ihre nordamerikanischen Verwandten gelbliche oder rötliche Töne ausbilden.

FESTHALTEN

Nicht alle toten Blätter werden sofort abgeworfen. Junge Rotbuchen behalten viele Blätter bis weit in den Frühling hinein.

Zone ohne Chlorophyll

Zone mit Chlorophyll

ABFALL-BESEITIGUNG

Wie Tiere müssen auch Pflanzen schädliche Stoffwechselprodukte ausscheiden. Sie lagern diese Stoffe vor dem Laubwurf in den Blättern ab, wo sie oft eine bräunliche Färbung hervorrufen wie bei diesem Tulpenbaumblatt.

CHLOROPHYLLABBAU

Bei diesem Hickoryblatt wird das Chlorophyll nicht vom Blattrand her abgebaut, sondern ausgehend von der Mittelrippe von innen nach außen.

FARBWECHSEL

Während ein Blatt langsam abstirbt, durchlaufen seine Carotinoide chemische Veränderungen und ändern die Farbe von gelb über orange zu rot. Gleichzeitig werden violette Anthocyane aus Zuckern gebildet.

Tod eines Baumes

Bäume sind ständig jenen Organismen ausgesetzt, die letztlich ihren Tod verursachen. Insekten bohren Wunden ins Holz, Efeu rankt sich um die Zweige, und tausende von Pilzsporen regnen auf alle Teile des Baums, bereit zur Infektion an jeder Schwachstelle. Stück für Stück überläßt ein Baum Teile von sich den Angreifern – dort welken ein paar Blätter, hier fällt ein toter Ast, und im Stamm fault ein Abschnitt des Kernholzes. Der Kampf bleibt für Jahre ausgewogen, aber mehr und mehr lebendes Holz wird geschädigt. Irgendwann sind zuviele Leitgefäße zerstört, der Baum stirbt.

VERSTEINERTES HOLZ
Gewöhnlich verrottet Holz schnell, aber unter Luftabschluß kann es schließlich versteinern, wobei eingelagerte Mineralstoffe seine Gestalt erhalten.

Hirsche schälen junge Bäume und zerstören dadurch die Leitgefäße.

KAMPF UMS LICHT
Efeu schadet Bäumen, indem er ihren Blättern das Licht wegnimmt. Beim Klettern verankert sich der Efeu mit kleinen Würzelchen. Sie nehmen auch Feuchtigkeit von der Borke auf, dringen aber nicht ins Holz ein.

Ein Efeusproß rankt sich um einen Ast.

DOPPELSTAMM?
Der linke der beiden Stämme ist der dicke, verholzte Sproß eines alten Efeus.

LEBENDER TEPPICH
Wenn Holz verrottet, saugt es Wasser auf und wird dadurch zu einer idealen Unterlage für feuchtigkeitsliebende Pflanzen. Dieser abgestorbene Stamm ist über und über mit Farnen und Moosen bewachsen.

STOFFKREISLAUF
Wenn Holz verrottet, gelangen die darin enthaltenen Mineralstoffe zurück in den Boden und werden von lebenden Bäumen wieder aufgenommen. Wachstum und Zerfall sind in einem Wald genau ausgewogen.

Erwachsenes Hirschkäfer-männchen

VERROTTEN
Lebendes Holz bildet Abwehrstoffe gegen Pilze und Bakterien. Ist ein Baum abgestorben, werden auch diese Stoffe zersetzt, die Mikroorganismen können ungehindert angreifen. Dieser Ast zeigt die Spuren von fünf Jahren Verrottung.

Asseln

RESTEVERWERTER
Die Larve des Hirschkäfers frißt gern faulendes Holz; Asseln ernähren sich überwiegend von verrottenden Blättern und von Pilzen.

Hirsch-käfer-larve

Wedel des Tüpfelfarns

Hutpilze
auf totem
Holz

LEBEN IM VERBORGENEN

Pilze können sich von totem und auch von lebendem Holz ernähren. Der für uns sichtbare Pilz ist der Fruchtkörper, in dem die Sporen reifen. Der eigentliche Pilzkörper ist im Holz verborgen und besteht aus dünnen Zellfäden, die das Holz durchziehen.

DEN WIRT ÜBERLEBEN

Viele Pilze, die in lebendem Holz gedeihen, überstehen auch den Tod ihrer Wirtspflanze und bilden irgendwann ihre Fruchtkörper aus.

DER KRIECHENDE TOD

Hallimaschbefall bedeutet für einen Baum meist den Tod. Die Sporen werden vom Wind übertragen. Aus ihnen wachsen zwischen der Rinde und dem Holz die Pilzfäden.

SPORENVER-BREITUNG

Stiel mit Hut: der typische Fruchtkörper der Ständerpilze. An Lamellen werden die Sporen gebildet, die der Wind verbreitet.

HARMLOSE GÄSTE

Zwei Gruppen von Pflanzen leben auf Bäumen: Parasiten wie die Mistel zapfen ihre Wirtsbäume an und stehlen Nährstoffe; Aufsitzer (Epiphyten) wie die tropischen Bromelien nutzen die Bäume nur als Unterlage.

Holz

BAUMPILZE

Die zahlreichen Porlingsarten gedeihen auf lebendem wie auf totem Holz. Obwohl sie vergleichsweise langsam wachsen, töten sie mehr Bäume, als jede andere Pilzgruppe. Im Gegensatz zu den recht weichen Ständerpilzen sind die Fruchtkörper der Porlinge zäh bis krustig und überdauern mehrere Jahre.

Fruchtkörper-unterseite mit sporenpro-duzierenden Poren

FEIND IM INNERN

Die Larven von Bock-käfern fügen Bäumen schwere Schäden zu, da sie sich durch das lebende Holz fressen.

Moos

Der Baum als Lebensraum

Auf Bäumen findet man eine Fülle von Tierarten, von denen die meisten sehr klein sind und zu den Wirbellosen gehören. Jeder Baum beherbergt eine Unmenge winziger Fadenwürmer und oft tausende von Insekten. Man hat festgestellt, daß auf einer erwachsenen Eiche bis zu 300 verschiedene Insektenarten vorkommen; davon gehören über 100 zu den Schmetterlingen, deren Larven in oder auf den Blättern leben. Um sich gegen den Raub ihrer Nährstoffe und gegen Beschädigungen zu wehren, haben Bäume verschiedene chemische Stoffe entwickelt, die in den Blättern und im Holz gespeichert werden.

BLATTMAHLZEIT
Viele Blätter werden von Insektenlarven gefressen. Manche fressen nur die Zellen zwischen den Blattnerven heraus.

Erwachsene Gallwespe

Apfelförmige Gallen

Kugelförmige Gallen

PFLANZENGALLEN
Gallen, knotige bis blasige Verdickungen an Blättern oder Zweigen, entstehen als Reaktion der Pflanze auf einen Eindringling — oft ist es eine kleine Wespenlarve. Sie lebt und frißt eine Weile im Schutz der Galle.

Im Spätsommer fallen diese Gallen vom Blatt ab; die Larven entwickeln sich dann in der Laubstreu.

Gallen der Eichengallwespe

BLATTGALLEN
Gallen entstehen sowohl an Blättern als auch an Zweigen. In den knopfartigen Eichengallen lebt eine Gallwespenlarve, die bohnenförmigen Weidengallen werden von Blattwespenlarven hervorgerufen.

Gallen der Weidenblattwespe

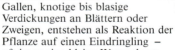

TARNUNG
Diese tropische Gespenstheuschrecke ist durch ihre blattartige Gestalt hervorragend getarnt.

JÄGER IN BAUMKRONEN
Der Baummarder ist eines der wenigen räuberischen Säugetiere, die in den Baumkronen leben. Er frißt Vögel, Eier, Insekten sowie gelegentlich Früchte.

Wespennest in einem tropischen Baum

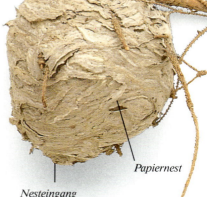

Papiernest

Nesteingang

PAPIERNEST
Im Frühling beginnt eine Wespenkönigin mit dem Nestbau. Sie zerkaut Holzfasern und mischt sie mit Speichel zu einem Papierbrei. Daraus formt sie blattartige Schichten, die sie an einem Zweig befestigt. Wenn der erste Nachwuchs geschlüpft ist, übernehmen die jungen Wespen den Nestbau und sammeln auch Nahrung für die Königin, die nun einzig und allein damit beschäftigt ist, Eier zu legen, damit das neue Volk möglichst groß wird.

Kieferneule

Schiller-
falter

Kleiner
Eisvogel

Eichen-
spinner

SCHMETTERLINGE
Die Raupen von Waldschmetterlingen fressen große Mengen Blätter von Bäumen oder von Bodenpflanzen wie Veilchen und Brombeeren. Bei Massenbefall können dabei z.B. durch die Kieferneule große Schäden entstehen.

WINTERQUARTIER
Jeden Herbst wandern Monarchfalter aus Nordamerika in Millionen starken Schwärmen nach Mexiko. Dort überwintern sie auf wenigen und immer denselben Bäumen, die sie fast vollständig bedecken.

TEERFLECKKRANKHEIT
Pilzbefall ist bei Blättern häufig. Diese Bergahornblätter sind von *Rhytisma acerinum,* dem Erreger der Teerfleckkrankheit befallen.

Die infizierten Stellen werden schwarz und immer größer.

Im Laufe des Sommers treten immer mehr Flecken auf; wenn das Blatt im Herbst abfällt, kann mehr als die Hälfte schwarz sein.

Von Rüsselkäfern angebohrte Eicheln

Rüsselkäfer

SAMENFRESSER
Samen werden sowohl am Boden als auch auf dem Baum gefressen. Rüsselkäfer sind spezialisierte Samenfresser; einige Arten bohren sogar Eicheln an.

Von Wühlmäusen geöffnete Haselnüsse

WOHNUNG IN DEN ZWEIGEN
Im Schutz der dichtstehenden Zweige kleiner Bäume baut der Buchfink gern sein Nest. Dazu verwendet er Moose, Flechten und Tierhaare.

Buchfink
(Männchen)

Laubfressende Säuger

Große baumlebende Säuger gibt es nur in den Tropen, wo die Bäume das ganze Jahr über belaubt sind. Blätter sind schwer verdaulich; daher müssen die Tiere große Mengen Blätter fressen, um genügend Nährstoffe daraus zu gewinnen.

DREIZEHEN-FAULTIER
Dieses eigentliche südamerikanische Tier verbringt die meiste Zeit kopfüber an einem Ast hängend

Kirschblatt, von einer großen Raupe angefressen

Kirschblatt, von einer Zwergmottenraupe miniert

ANGRIFF DER INSEKTEN
Zwergmottenraupen sind so winzig, daß sie sich zwischen Ober- und Unterseite von Blättern quetschen können und dort Gänge ausfressen.

Insektenpuppe an einem Eichenblatt

KOALA
Koalas leben fast ausschliealich von Eukalyptusblättern (S.13).

BRÜLLAFFEN
Diese südamerikanischen Affen besitzen einen langen Greifschwanz, mit dem sie sich beim Klettern zusätzlich festhalten.

Was lebt in der Streu?

In jedem Herbst wirft eine alte Eiche etwa eine Viertelmillion Blätter ab. Wieso häuft sich aber im Laufe der Jahre das tote Laub im Wald nicht meterhoch auf? – Weil herabgefallene Blätter zerkleinert werden und verrotten. Ein abgefallenes Blatt wird Bestandteil der Streu, der obersten Bodenschicht aus Blättern, Rinde, Zweigen sowie den Überresten von Blüten, Früchten und Samen. Die Streu wird von Insekten, Würmern und Asseln zerkleinert, und schließlich lösen Pilze und Bakterien auch die kleinsten Überreste noch weiter auf. Unter der neuen Laubstreu bleibt schließlich nur noch das krümelige Zersetzungsprodukt, der Humus übrig, der Nährstoffe für neues Pflanzenwachstum enthält.

Blattskelette von Magnolienblättern

BLATTSKELETTE
Manchmal vertrocknen verrottende Blätter noch ehe die Mittelrippe und die starken Blattadern zersetzt werden. So entstehen zarte Blattskelette.

VERSTECK IN DER STREU
Kröten überwintern oft in Erdhöhlen unter Baumstümpfen, die sie mit Laubstreu ausgefüllt haben. Sie ernähren sich von Würmern, Insekten und Insektenlarven, ehe sie sich zur Überwinterung zurückziehen. Im Sommer bleiben sie tagsüber oft im feuchten Laub verborgen, um der Hitze zu entgehen.

GEMISCHTE LAUBSTREU
Diese Laubmischwaldstreu enthält Blätter von Eiche, Feldahorn und Rotbuche. Die Blätter verschiedener Baumarten verrotten unterschiedlich schnell. Ahornblätter werden am schnellsten aufgelöst. Hohe Luftfeuchtigkeit beschleunigt den Zersetzungsvorgang.

BUCHENSTREU
Die Blätter der Rotbuche verrotten sehr langsam. Der aus ihnen gebildete Humus ist verhältnismäßig sauer.

ENDPRODUKT
Die kleinen schwarzen Krümel sind Humuskörnchen. Humus entsteht durch vollständige Zersetzung der Streu.

Keimende Eschensamen

NÄHRSTOFF-KREISLAUF
Beim Abbau der Streu werden die darin enthaltenen Nährstoffe freigesetzt und können dann von Pflanzen wieder aufgenommen werden.

Springschwänze, flügellose Urinsekten

Tausenfüßer

Pseudoskorpion

Hundertfüßer

Saftkugler

VERBORGENES LEBEN
Winzige Springschwänze und Pseudoskorpione leben in der Streu.

Thuidium tamariscinum,
ein Laubmoos

FEUCHTIGKEITS-LIEBEND
Moose gedeihen nur in feuchter Umgebung. Sie sind blütenlose Pflanzen, die sich durch Sporen vermehren.

LEBERMOOSE
Lebermoose benötigen viel Feuchtigkeit. Sie sind flach und leicht gewellt und bilden gestielte Sporenkapseln.

FRÜH-BLÜHER
In Laubwäldern blühen zahlreiche krautige Pflanzen, bevor die Bäume ihre Blätter entfaltet haben und den Boden beschatten.

SCHNIRKELSCHNECKEN
Schnirkelschnecken sind durch gebänderte Gehäuse gut getarnt.

UNTERIRDISCHE SPROSSE
Das Buschwindröschen besitzt waagerechte unterirdische Kriechsprosse, aus denen im zeitigen Frühjahr die zarten Pflänzchen sprießen.

Geflügelte Ameise

Ameisenhaufen

BAUMEISTER DES WALDES
In Laubwäldern bauen die meisten Ameisen ihre Nester unter Totholz oder Baumstümpfen. In den Nadelwäldern bauen sie große Hügel aus Nadeln.

Der Boden im Nadelwald

Die Schuppen und Nadeln der Koniferen verrotten langsamer als Laubblätter und der entstehende Humus ist sehr sauer. Da Nadelbäume immergrün sind und wenig Licht durchlassen, ist es in Nadelwäldern ganzjährig schattig und kühl. Deshalb gelingt es nur wenigen anderen Pflanzen, in Nadelwäldern Fuß zu fassen. Auf Lichtungen findet man z.B. Farne, die sauren Boden vertragen. Zahlreiche Pilze wachsen in der Nadelstreu und recken im Herbst ihre Fruchtstände, die Pilzhüte, empor.

Farnwedel entrollen sich im Frühling.

Pilze auf Nadelstreu

Von Eichhörnchen abgenagter Zapfen

Laufkäfer

Nadelwaldstreu

Blühende Heidelbeere

Luftverschmutzung und Waldsterben

Damit ihre Stoffwechselvorgänge unbeeinträchtigt ablaufen können, benötigen alle Bäume saubere Luft. Nur unter dieser Voraussetzung bleiben sie gesund und zeigen kräftiges Wachstum. Die Luft ist heute aber weltweit durch Abgase von Autos, Fabriken, Kraftwerken und auch Privathaushalten stark verunreinigt. Diese Schadstoffe verbreiten sich weit in der Atmosphäre, vermischen sich mit Wasser und anderen Chemikalien zum "Sauren Regen". Er ist zweifellos die Hauptursache des Waldsterbens.

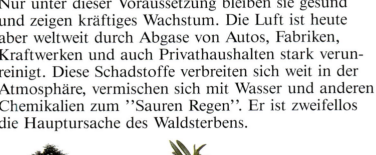

STERBENDER WALD
Auf den Sauren Regen wurde man erstmals in den 70er Jahren aufmerksam, als durch Übersäuerung skandinavischer Seen zahlreiche darin lebende Tiere starben. Seitdem sind besonders die Nadelwälder Mitteleuropas betroffen, vor allem in der Schweiz und in Deutschland. Aber auch im hochindustrialisierten Nordosten der USA und in Kanada wurden Waldschäden durch Sauren Regen festgestellt.

GESUNDER BAUM
Schäden durch Sauren Regen traten zuerst bei Nadelbäumen auf, aber inzwischen sind auch Laubbäume betroffen. An Nadelbäumen sind die Schäden leichter zu erkennen, da Nadelblätter in der Regel mehrere Jahre an den Zweigen bleiben und die Schadstoffe sich anhäufen können.

ZWEIFELHAFTE ZUKUNFT
Auf vielen Friedhöfen stehen jahrhundertealte Bäume. Der Saure Regen bringt sie langsam um.

Lange Sprosse zeigen gesundes Wachstum an.

Entfärbung der Nadeln – direkte Folge des sauren Regens und der verstärkten Ozonbildung in der Atmosphäre

Die dunkelgrüne Farbe zeigt eine ausreichende Ausstattung mit Chlorophyll, dem wichtigsten Photosynthesepigment, an (S.26, 46).

Gesunde Blätter überleben auch an den Abschnitten der Zweige, die bereits mehrere Jahre alt sind.

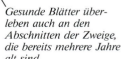

STADTBEWOHNER
Die Platane gedeiht in verschmutzter Luft besser als die meisten anderen Bäume, denn bei ihr lösen sich dauernd mit Ruß und Staub bedeckte Teile der alten Borke ab. Darunter erscheint die junge, helle Borke.

STERBENDER BAUM
Dieser Zweig stammt von einer Eibe, die den Kampf ums
Überleben bereits verloren hat. Der Saure Regen verursacht nicht nur unmittelbare Schäden, sondern schwächt
auch die Widerstandskraft gegen Trockenheit, Frost
und Krankheitserreger. So wird mancher Baum durch
Umwelteinflüsse getötet, mit denen er normaler-
weise fertiggeworden wäre.

*Abgestorbene
Sproßspitze* _____

*Lametta-Syndrom:
Hängende Seitenzweige
mit kahlen Stellen
kurz hinter der Spitze*

SELEKTIONSVORTEIL
Nach der industriellen Revolution
wurde in englischen Industriege-
bieten eine dunkle Mutante des
Birkenspanners häufiger; sie war
auf den rußgeschwärzten Bäumen
besser getarnt als die hell gespren-
kelte Form.

**SCHAD-
WIRKUNGEN**
Saurer Regen schädigt
die Blätter durch Stö-
rung der Chlorophyll-
bildung und schwächt
den Baum durch die
Veränderung der
Chemie des Bodens.

Saurer Regen

Saurer Regen geht im wesent-
lichen auf Schwefeldioxid und
Stickoxide zurück. Diese Gase
werden von Fabriken, Kraftwerken, privaten Heizanlagen und
Autos in die Luft geblasen und
bilden mit Wasser Säuretröpf-
chen. Als Saurer Regen greifen
diese die Pflanzen unmittelbar
an und verändern auch die
Chemie des Bodens. Zur Ver-
hinderung des Sauren Regens ist
die erhebliche Verminderung des
Ausstoßes von Schwefeldioxid
und Stickoxiden, z.B. durch
Katalysatoren für Autos, unbe-
dingt notwendig.

SÄUREBILDUNG
Schwefeldioxid und
Stickoxide reagieren
mit der Luftfeuchtig-
keit zu Säuren.

INDUSTRIEABGASE
Bei der Verbrennung
fossiler Brennstoffe
entstehen Schwefel-
dioxid und Stickoxide.

AUTOABGASE
Blei, z.B. aus verblei-
tem Benzin, ist für alle
Lebewesen giftig.

VERGIFTETER BODEN
Saurer Regen setzt im Boden
giftige Metallionen frei.

55

Vom Stamm zum Nutzholz

Vor der Entwicklung dampfgetriebener und später elektrisch angetriebener Maschinen war es eine ungeheuer anstrengende Arbeit, aus Baumstämmen Nutzholz herzustellen, also Bretter, Balken und Pfosten. Das Baumfällen mit der Axt war noch der leichteste Teil. Anschließend mußte der Stamm aber von Hand gesägt werden, was mitunter mehrere Tage dauerte. Heute wird die ganze Arbeit maschinell erledigt. Motorsägen fällen in kurzer Zeit selbst die mächtigsten Bäume. Mit hydraulischen Greifern werden die Stämme verladen und mit Lastwagen zum Sägewerk gefahren. Dort werden die Stämme auf eine Schiebeanlage gelegt und von riesigen Gattersägen in Bretter zerlegt. Wie ein Stamm zerschnitten wird, hängt von der Holzart und vom Verwendungszweck ab. Dabei wird immer die größtmögliche Menge an qualitativ hochwertigem Holz für den gewünschten Zweck zugeschnitten, es gibt wenig Abfallholz. Was dennoch übrigbleibt, wird zur Spanplatten- oder Papierherstellung verwendet.

FLÖSSEREI

Früher wurden geschlagene Baumstämme auf dem Wasserweg zur Sägemühle befördert. Es war eine gefährliche, viel Kraft und Geschicklichkeit erfordernde Aufgabe, ineinander verkeilte Stämme wieder flott zu machen. Die Stämme wurden entweder einzeln die Flüsse hinabgeleitet oder zu Flößen zusammengebunden.

SÄGEMÜHLEN

Als die Siedler in Nordamerika immer weiter westwärts zogen, entstanden immer neue Holzfällercamps und Sägewerke, die das Holz für Wohnhäuser, Speicher und Wagen lieferten.

LÄNGS DURCHSÄGEN

Dies ist die einfachste Art, einen Stamm zu verarbeiten. Allerdings verziehen sich die so zugeschnittenen Bretter leicht und werden wellig. Daher wird diese Methode bei teuren Hölzern kaum angewendet.

Die Maserung ist von Brett zu Brett verschieden.

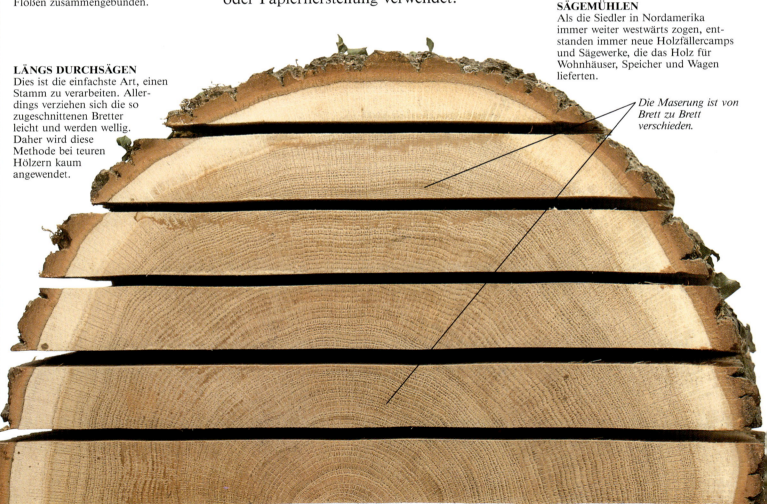

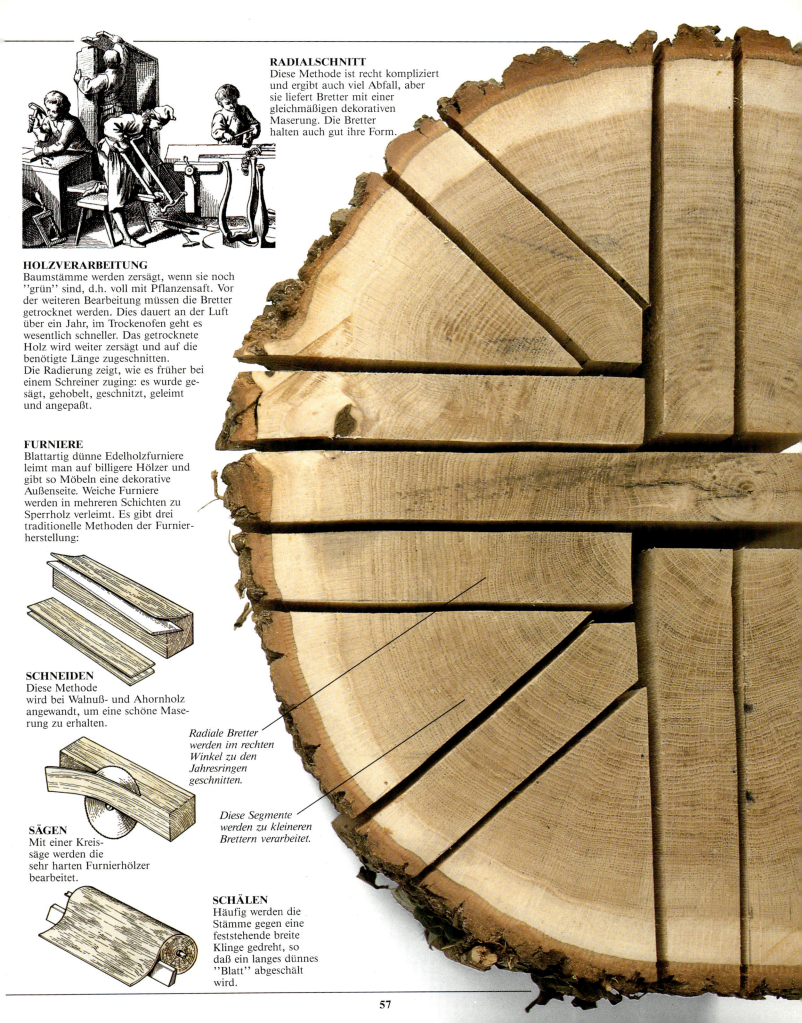

RADIALSCHNITT
Diese Methode ist recht kompliziert und ergibt auch viel Abfall, aber sie liefert Bretter mit einer gleichmäßigen dekorativen Maserung. Die Bretter halten auch gut ihre Form.

HOLZVERARBEITUNG
Baumstämme werden zersägt, wenn sie noch ''grün'' sind, d.h. voll mit Pflanzensaft. Vor der weiteren Bearbeitung müssen die Bretter getrocknet werden. Dies dauert an der Luft über ein Jahr, im Trockenofen geht es wesentlich schneller. Das getrocknete Holz wird weiter zersägt und auf die benötigte Länge zugeschnitten.
Die Radierung zeigt, wie es früher bei einem Schreiner zuging: es wurde gesägt, gehobelt, geschnitzt, geleimt und angepaßt.

FURNIERE
Blattartig dünne Edelholzfurniere leimt man auf billigere Hölzer und gibt so Möbeln eine dekorative Außenseite. Weiche Furniere werden in mehreren Schichten zu Sperrholz verleimt. Es gibt drei traditionelle Methoden der Furnierherstellung:

SCHNEIDEN
Diese Methode wird bei Walnuß- und Ahornholz angewandt, um eine schöne Maserung zu erhalten.

Radiale Bretter werden im rechten Winkel zu den Jahresringen geschnitten.

Diese Segmente werden zu kleineren Brettern verarbeitet.

SÄGEN
Mit einer Kreissäge werden die sehr harten Furnierhölzer bearbeitet.

SCHÄLEN
Häufig werden die Stämme gegen eine feststehende breite Klinge gedreht, so daß ein langes dünnes ''Blatt'' abgeschält wird.

Vielseitiges Holz

Bei der Holzverarbeitung unterscheidet man traditionell das "Hartholz" der Laubbäume vom "Weichholz" der Nadelbäume. Diese Einteilung ist zum Teil irreführend. Eibenholz, ein sogenanntes Weichholz, ist ebenso hart wie Eichenholz. Das für Isolierungen und im Modellbau verwandte Holz des südamerikanischen Balsabaumes, einer "Hartholzart", ist dagegen weich und besonders leicht, ein Würfel mit einer Kantenlänge von 10 cm wiegt nur 40g. Einige tropische Hölzer, die "Eisenhölzer" sind so schwer, daß sie wie ein Stein im Wasser versinken. Die vielen hundert Holzarten aus den Bäumen aller Herren Länder haben also ganz unterschiedliche Eigenschaften.

Melanesische Holzschnitzerei

Gehobeltes Eibenholz

Dichte Maserung aufgrund langsamen Wachstums

Sägerauhes Eibenholz

Sehr dichter, harter Ast

Gehobeltes Kirschholz

Leichter Rotton, typisch für frisches Kirschholz

Ast

FARBWECHSEL
Viele Hölzer verändern an der Luft ihre Farbe. Frisch geschnittenes Kirschholz ist sehr hell und leicht rötlich. Mit der Zeit dunkelt es nach und erreicht bei sehr alten Möbelstücken ein charakteristisches Rotbraun.

DAS HOLZ DER BÜCHSENMACHER
Die satte Farbe und die geschwungene Maserung machen Walnußholz zu einem der teuersten Möbelhölzer. Traditionell wird dieses Holz auch zur Herstellung von Gewehrschäften verwendet. Es ist gut zu bearbeiten und hält den Rückstoß beim Schießen aus, ohne zu splittern.

DAS HOLZ DER BOGENMACHER
Eiben wachsen langsam; daher ist ihr Holz sehr schwer und hart. Die im Frühjahr austreibenden jungen Zweige sind aber sehr elastisch und wurden früher zur Herstellung von Langbögen verwendet. Heute nimmt man Eibenholz als Furnierholz.

MAIBAUM
Der Tanz um den Maibaum, für den die verschiedensten Bäume verwendet werden, ist ein uralter Brauch.

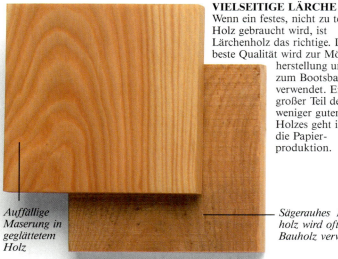

VIELSEITIGE LÄRCHE
Wenn ein festes, nicht zu teures Holz gebraucht wird, ist Lärchenholz das richtige. Die beste Qualität wird zur Möbelherstellung und zum Bootsbau verwendet. Ein großer Teil des weniger guten Holzes geht in die Papierproduktion.

Gehobeltes Walnußholz

Sägerauhes Walnußholz

Auffällige Maserung in geglättetem Holz

Sägerauhes Lärchenholz wird oft als Bauholz verwendet.

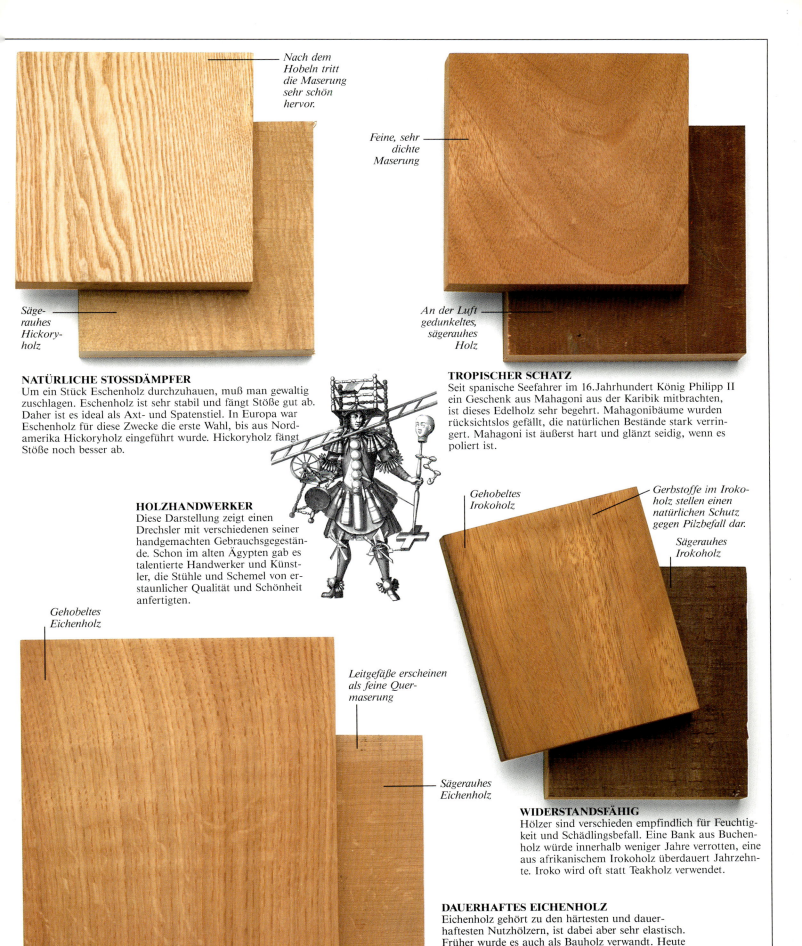

Nach dem Hobeln tritt die Maserung sehr schön hervor.

Säge-rauhes Hickory-holz

Feine, sehr dichte Maserung

An der Luft gedunkeltes, sägerauhes Holz

NATÜRLICHE STOSSDÄMPFER
Um ein Stück Eschenholz durchzuhauen, muß man gewaltig zuschlagen. Eschenholz ist sehr stabil und fängt Stöße gut ab. Daher ist es ideal als Axt- und Spatenstiel. In Europa war Eschenholz für diese Zwecke die erste Wahl, bis aus Nordamerika Hickoryholz eingeführt wurde. Hickoryholz fängt Stöße noch besser ab.

TROPISCHER SCHATZ
Seit spanische Seefahrer im 16.Jahrhundert König Philipp II ein Geschenk aus Mahagoni aus der Karibik mitbrachten, ist dieses Edelholz sehr begehrt. Mahagonibäume wurden rücksichtslos gefällt, die natürlichen Bestände stark verringert. Mahagoni ist äußerst hart und glänzt seidig, wenn es poliert ist.

HOLZHANDWERKER
Diese Darstellung zeigt einen Drechsler mit verschiedenen seiner handgemachten Gebrauchsgegenstände. Schon im alten Ägypten gab es talentierte Handwerker und Künstler, die Stühle und Schemel von erstaunlicher Qualität und Schönheit anfertigten.

Gehobeltes Irokoholz

Gerbstoffe im Iroko-holz stellen einen natürlichen Schutz gegen Pilzbefall dar.

Sägerauhes Irokoholz

Gehobeltes Eichenholz

Leitgefäße erscheinen als feine Quer-maserung

Sägerauhes Eichenholz

WIDERSTANDSFÄHIG
Hölzer sind verschieden empfindlich für Feuchtigkeit und Schädlingsbefall. Eine Bank aus Buchenholz würde innerhalb weniger Jahre verrotten, eine aus afrikanischem Irokoholz überdauert Jahrzehnte. Iroko wird oft statt Teakholz verwendet.

DAUERHAFTES EICHENHOLZ
Eichenholz gehört zu den härtesten und dauerhaftesten Nutzhölzern, ist dabei aber sehr elastisch. Früher wurde es auch als Bauholz verwandt. Heute ist es für diese Zwecke meist zu teuer und wird fast nur noch in der Möbelindustrie verwendet.

Baumpflege und Holzwirtschaft

Wälder wurden vom Menschen schon in prähistorischer Zeit genutzt. Holz wurde gesammelt und geschlagen, um es als Brennholz, als Bauholz oder zur Herstellung von Körben und Matten zu verwenden. Die Kultivierung von Bäumen begann mit der Dattelpalme und mit dem Ölbaum (S.39 und 43), die man wegen ihrer Früchte anpflanzte. In der Natur werden Bäume oft durch einen zu dichten Bestand geschwächt und im Wachstum gehemmt, hinzu kommen Witterungseinflüsse und Schädlingsbefall. Die Kultivierung erforderte also besondere Schutz- und Pflegemaßnahmen. Das Ausdünnen eines Bestandes sorgt dafür, daß jeder Baum genügend Licht und Wurzelraum zur Verfügung hat, damit er besser wachsen kann. Durch Beschneiden und Pfropfen werden Krankheiten und Schädlingsbefall vermindert und der Fruchtertrag gesteigert.

PFROPFEN
Durch die Übertragung von Pfropfreisern (Sproßstückchen) von einem Baum auf den anderen werden dem Empfängerbaum erwünschte Eigenschaften wie kraftvoller Wuchs oder gesunde Früchte künstlich hinzugefügt.

Stamm vor dem Beschneiden

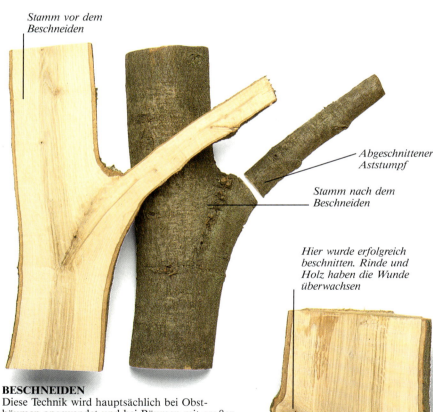

Abgeschnittener Aststumpf

Stamm nach dem Beschneiden

Nach dem Abfaulen eines Astes war das freiliegende Holz ungeschützt dem Angriff von Pilzen und Bakterien ausgesetzt und ist verfault.

Hier wurde erfolgreich beschnitten. Rinde und Holz haben die Wunde überwachsen

BESCHNEIDEN
Diese Technik wird hauptsächlich bei Obstbäumen angewendet und bei Bäumen mit großen Ästen, die irgendwann durchzubrechen drohen. Zuerst schneidet ein Baumchirurg den Ast in etwa 50 cm Entfernung vom Stamm ab. Dadurch wird das Gewicht des verbleibenden Aststumpfes erheblich vermindert. Später wird der Aststumpf nah am Stamm abgeschnitten. Da er jetzt nur noch wenig wiegt, ist die Gefahr geringer, daß er beim Fallen Rindenstreifen mit abreißt, wodurch Wunden entstehen könnten, durch die Krankheitserreger eindringen. Nachdem der Aststumpf abgetrennt ist, wird das freiliegende Holz mit einem wasserabweisenden und einem pilzabweisenden Mittel bestrichen. Bei seinem weiteren Wachstum überwächst der Baum die Wunde allmählich mit lebendem Holz und neuer Rinde.

WASSERFALLEN
Wo Äste abbrechen, können kleine Höhlungen zurückbleiben, in denen sich Regenwasser ansammelt. Bevor der Baumchirurg diese Stelle versiegelt, muß er das faule Holz herauskratzen. Manchmal staut sich auch Wasser in den Winkeln von Astgabeln und kann dann Fäulnis auslösen. Solche Wasserfallen werden beseitigt, indem ein Ableitungsgang ins Holz geschnitten oder ein Metallrohr eingesetzt wird.

Schneiteln und Köpfen

Manche Bäume und Sträucher sind zum "Stockausschlag" fähig: schneidet man den Stamm ab, bildet der Stumpf seitlich Triebe aus. Diese meist geraden, langen Triebe werden als Brenn- oder Flechtmaterial verwendet. Abschneiden dicht über dem Boden nennt man Schneiteln, Abschneiden in wenigen Metern Höhe Köpfen.

Einjährige Ruten werden geerntet.

HASELPFOSTEN
Aufgespaltene Haselpfosten, die durch Schneiteln gewonnen wurden, werden mancherorts für Flechtzäune verwendet.

Stamm einer jungen Kopfweide

WEIDENRUTEN
Geköpfte Weiden (Kopfweiden) bilden lange schlanke Seitentriebe aus, die Weidenruten. Sie werden zum Korbflechten verwendet. Für gemusterte Körbe verflicht man Ruten verschiedener Weidenarten. Weidenruten kann man mit Rinde oder geschält verarbeiten.

STOCKAUSSCHLAG
Dieser Haselstumpf bildet nach dem Schneiteln neue Triebe.

HASELRUTEN
Früher ließ man Haseln zum Schneiteln oft unter Eichen wachsen. So hatte man immer Bauholz und Zaunpfosten zur Verfügung. Haselruten können etwa alle fünf Jahre geerntet werden.

Der Botaniker Sir Joseph Dalton Hooker (1817-1911) beim Pflanzensammeln im Himalaya

Beobachtungen an Bäumen

Wenn man sich für Naturkunde interessiert, kann die Beschäftigung mit Bäumen ein faszinierendes ganzjähriges Hobby sein. Dabei haben Bäume zwei Vorteile: im Gegensatz zu Tieren bleiben sie an Ort und Stelle, im Gegensatz zu vielen anderen Pflanzen sterben sie im Herbst nicht ab. Daher lassen sich die Veränderungen eines Baumes im Jahreslauf leicht verfolgen. Da man die verschiedensten Baumteile trocknen und dann nahezu unbegrenzt aufbewahren kann, lassen sich gut Sammlungen zur Artbestimmung und für Wachstumsstudien anlegen.

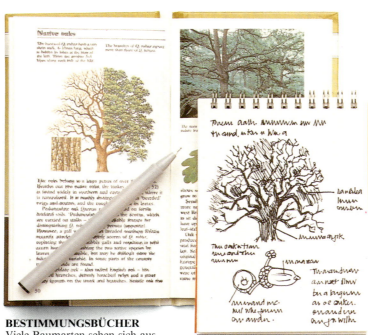

Unzerbrechliche Lupe fürs Gelände

Große Lupe für zu Hause

BÄUME AUS DER NÄHE
Schon mit einer schwachen Lupe erkennt man Einzelheiten an Blüten und kleinen Früchten wie denen der Birke.

Bunte Wachsstifte eigenen sich gut zum Bäumezeichnen.

BESTIMMUNGSBÜCHER
Viele Baumarten sehen sich aus der Ferne sehr ähnlich. Mit guten Bestimmungsbüchern kann man sie aber sicher auseinanderhalten. Am besten lernt man die verschiedenen Baumgestalten zu unterscheiden, wenn man selbst Zeichnungen anfertigt.

FOTOGRAFIEREN
Es ist höchst interessant, denselben Baum in verschiedenen Jahreszeiten zu fotografieren.

Plastiktüten sind gut zum Sammeln. Zur Aufbewahrung nimmt man besser Papiertüten, weil sie die Feuchtigkeit entweichen lassen.

Große Plastikbeutel zum Sammeln von Blättern, Streu und Samen

MESSGERÄTE
Mit Lineal oder Zollstock kann man z.B. Blätter vermessen, aber auch die Größe eines Baumes abschätzen.

WIE HOCH IST DER BAUM?
Über die Spitze eines Lineals peilt man den Kopf eines Freundes neben dem Baum an. Man markiert sich, wie weit unterhalb der Spitze man die Füße anpeilt, schätzt ab, wie oft die markierte Länge in die Höhe des Baumes paßt, und multipliziert diese Zahl mit der Körpergröße des Freundes.

Hobby-Pflanzensammler um 1840

Wachsmalkreide

RINDENABDRÜCKE
Man kann auf einfache Weise Abdrücke von Baumrinden herstellen und einen Katalog der verschiedenen Rindenstrukturen anlegen. Man befestigt einen Bogen dickes Papier am Stamm und reibt mit Wachsmalkreide leicht über das Papier. Für den Anfang empfiehlt es sich, Abdrücke junger Bäume zu nehmen, da ihre Rinde glatter ist.

Blattpresse

Nach 2-3 Wochen sind die gepreßten Blätter trocken. Form und Farbe bleiben erhalten.

Wenn man die Blätter zwischen Löschpapier legt, ist die Trocknung schneller beendet.

HERBARIUM
Beim Trocknen rollen sich Blätter in der Regel ein und verfärben sich. Preßt man sie aber, behalten sie Form und Farbe bei. Man kann Blattpressen kaufen oder die Blätter einfach zwischen saugfähiges Papier (Zeitungspapier) legen und einige Bücher darauf stapeln.

Bildnachweis